Ingrid Kahl (Hrsg.)

Gute-Nacht-Geschichten für Männer, die nicht einschlafen wollen

Ingrid Kahl (Hrsg.)

Gute-Nacht-Geschichten für Männer, die nicht einschlafen wollen

Klein

Titelillustration: Michael Sowa
Umschlag: Peter Albers
Gesamtherstellung: Clausen & Bosse, Leck
ISBN: 3-89521-037-4
3 5 7 9 10 8 6 4 2

Satz aus der Palatino leicht
Papier: Fortuna Werkdruckpapier »Pegasus«,
chlorfrei, säurefrei
Steinbeis Temming Papier GmbH & Co., Glückstadt

Inhalt

Vorwort

Gern würde ich Ihnen akustisch die Lachkoloraturen der Autorinnen vorführen, die ich um einen Beitrag zu den »Gute-Nacht-Geschichten für Männer, die nicht einschlafen wollen« gebeten hatte. Sie reichten vom leisen Gluckser bis zum schallenden Lachen – mit sämtlichen Schattierungen dazwischen. Aber, Sie wissen ja: Nur Lesen ist schöner! Und so sind denn die einzelnen Geschichten mit ihren Hinter- und Abgründigkeiten, ihrer sanften bis schweren Erotik, ihren frivolen Blicken und diskreten Liebeserklärungen mindestens ebenso buntschillernd wie das Lachen:

Gleich zwei Autorinnen widmen sich der Auto-Erotik – wohlgemerkt, nicht der, an die Sie denken, sondern höchst bedenklichen Trieben in Fahrzeugen. Paarprobleme werden sowohl durch natürliches Hinscheiden als auch durch eher gewaltsame Todesarten einer Lösung zugeführt. Es gibt Liebesmärchen und märchenhafte Lieben, Beziehungskummer und Beziehungskomik, Verwicklungen zu zweit, zu dritt oder zu viert. Verwirrende Möbel und anregende Gegenstände tauchen auf; Nächte werden mit Jesus und anderen Männern verbracht. Und es wimmelt von Geheimnissen im sogenannten Liebesleben: Doppel-, Vor- und Ablebensgeschichten...

Lag früher auf Ihrem Nachttisch neben der Pillenschachtel die Bettlektüre, zum Beispiel »Angelique und der König«, ein Krimi oder »Auf der Suche nach der verlorenen Zeit«, liegt jetzt ein Jemand neben Ihnen und erwartet »seine« Gute-Nacht-Geschichte. Diese literarische Pralinenschachtel, aus der sie beliebig auswählen und vorlesen können, hat nicht nur den praktischen Vorteil, daß sie weder dick macht noch schlecht wird, sie hilft Ihnen auch, uralten Vorwürfen nach der Art: Du hast ja keine Ahnung von Erotik! gezielt zu begegnen, sie gewissermaßen phantasievoll umzukehren. Und enden soll dann alles so wie im richtigen Leben: Ganz zum Schluß wünscht man sich gute Nacht.

Ingrid Kahl

Ulla Fröhling

Stau im Verkehr

Szenen einer mobilen Beziehung

Ein Paar im Auto, das ist Psychodrama mit strengen Regeln. Strindberg der Neunziger. Szenen einer Ehe im Zeitalter computergesteuerter Verkehrslogistik. Oder besser, das ist ein klassischer Dreiakter: Einleitung, Verwicklung mit Höhepunkt, Katastrophe.

Selten gibt es ein Vorspiel, aber ein Nachspiel hat die Sache immer.

1. Akt
Er: »Die Ampel ist grün.«
Sie: »Das seh' ich.«
2. Akt
Er: »Der Gashebel ist unten rechts.«
Sie: »Fährst du oder ich?«
Er: »Wenn du das nicht mal weißt!«
3. Akt
Er: »Gleich ist gelb!«
Sie: »Gleich kannst du aussteigen.«

Die männlichen und weiblichen Aussagen während einer gemeinsamen Autofahrt folgen einem Ritual, das so festgelegt ist wie die Balztänze von Pfau und Auerhahn. Aufgabe der Männer ist es, Sachbeiträge zu leisten wie: »Ein Baum!« – »Grüner wird's nicht.« – »Schon wieder ein Weib.« Die Wortbeiträge der Frauen dagegen haben eher

Aufforderungscharakter: »Nicht so dicht!« – »Halt sofort an, ich will aussteigen.« – »Gleich fährst du!« Dank einschlägiger Forschung können wir inzwischen die vielfältigen Botschaften entschlüsseln, die sich hinter den scheinbar sachlichen Mitteilungen des Mannes verbergen. So ist der Ausruf »ein Baum!«, gesprochen von einem Mann auf einem Beifahrersitz, weniger ein Hinweis darauf, daß dieser Mann Bäume von Häusern unterscheiden kann, sondern er enthält Informationen auf vier Ebenen:

1. Sachinformation: Dort steht ein Baum.
2. Appell: Paß auf!!
3. Beziehungsebene: Du brauchst meine Hilfe.
4. Selbstkundgabe: Ich hab Angst!

Das weibliche Gegenstück zu »ein Baum!« lautet »Gleich fährst du!« oder »Gleich steigst du aus!«. Für einen Beobachter, der mit einheimischem Brauchtum nicht sonderlich vertraut ist, mag das ein wenig zusammenhanglos erscheinen, wir aber wissen, daß die Fahrerin mit dem Beziehungsohr gehört hat und nun auf den Satz »Du brauchst meine Hilfe« reagiert. Heftig reagiert.

Nicht nur die Dialoge in diesem mobilen Kammerspiel stehen unabänderlich fest. Auch die Dramaturgie der handelnden Personen folgt ehernen Gesetzen. Die Ursachen sind mysteriös, aber es ist erwiesen, daß zügige Fahrerinnen stets an verzagte Beifahrer geraten, welche einen Überholvorgang, bleischwer atmend, dem Kollaps nahe, nur knapp überstehen.

Er: »Vorsicht, ein Radfahrer!«
Sie: »Das seh' ich.«
Er: »Warum bremst du dann nicht?«
Sie: bremst.
Er: »Denk an die Kupplung!«
Sie: »Fährst du oder ich?«

Er: »Du. Leider.«

Vorsichtige Fahrerinnen dagegen finden neben sich meist einen aggressiven Kämpfer vor, der pumpend vor Aufregung in den Gurten hängt. Umgekehrt wiederum landen ängstliche Beifahrerinnen meist neben mitleidlosen Bestien im Geschwindigkeitsrausch.

Er: »Schleich dich, Blödmann!«
Sie: seufzt.
Er: »Mistkerl! Mit mir nicht, du Affe. Dem hab' ich's gezeigt. Ha! Da guckt er blöd aus der Wäsche, was?«
Sie: »Kannst du nicht mal was anderes sagen?«
Er: »Weg da mit deiner Pappgalosche! Verdammt, jetzt überholt der. Aus dem Weg, du Idiot.«
Sie: »Halt sofort an, ich will aussteigen.«

Halt an, ich will aussteigen! Auf diesen Ausruf meiner Mutter hin hat mein Vater tatsächlich einmal gehalten, und meine Mutter ist wirklich ausgestiegen. Unbekannte Gegend und kein Geld in der Tasche: Kleinlaut kletterte sie zurück. Ich, neunjährig, von der Rückbank atemlos den Fortgang des Familienfilms verfolgend, lernte daraus: Paß auf, daß du den Fahrersitz kriegst! Und hab' immer Geld in der Tasche.

Dann nämlich kann man es so machen wie Marianne Sägebrecht in dem hinreißenden Percy-Adlon-Film »Out of Rosenheim«: Die ruft ihrem jähzornigen Ehemann und unfähigen Autofahrer mitten in der amerikanischen Steppe ein saftiges »Du Dreckshammel, du g'scherter!« zu, greift sich den Koffer und beginnt ein neues Leben.

Ein neues Leben beginnen wollte auch Vera. Doch am Tag der Scheidung kamen ihr Zweifel. Dann stieg sie zu ihrem Noch-Mann in den Wagen: »Wie der fuhr, immer mit Vollgas an die rote Ampel und dann Vollbremsung.« Wie in einer Hängematte bei Windstärke zehn hing sie im Sicherheitsgurt. Vera: »Da erinnerte ich mich, daß mir immer schlecht war, wenn ich mit ihm fuhr. Und ich wußte hundertprozentig, das ist richtig, daß du dich von dem Mann scheiden läßt.«

Männer fahren aggressiver. Das ist kein Vorurteil. Das ist Lebenserfahrung. Männer, daheim stets angepaßt und fügsam, haben ja gar keine andere Möglichkeit, als sich im Verkehr abzureagieren. Daher wurden für sie all diese wundersamen Dinge erfunden wie Dreiklanghupen, Halogenscheinwerfer, tödliche Spikes in den Wagenrädern. Und achtfache Rücklichter. Daß die der Sicherheit dienen, ist nämlich ein Gerücht. Autos besitzen Rücklichter aus dem gleichen Grund, aus dem Paviane hinterrücks über Backen von erstaunlicher Strahlkraft verfügen. Nicht nur an Leuchtkraft, auch an aggressiver Funktion ähneln sich beide.

»Mit mir nicht«, knurrt Peter, es wachsen ihm struppige Haare auf den Handrücken, während er mit feurigen Blikken den Mercedes im Rückspiegel beobachtet, der sich lichthupend von hinten an ihn heranschiebt. Peter latscht auf die Bremse, daß seine verlängerte Rückseite erglüht wie Pavians Hinterbacken. Der Mercedesfahrer erschrickt: Dieser Gegner ist stärker als vermutet. Nun muß er das gewaltigere Geschütz ausfahren: seine wunderbaren vierfachen Halogenfernlichter. Paviane pflegen in diesem Moment mit dem Penis zu schlenkern.

Männer fahren nicht nur aggressiver als Frauen, sie verursachen auch mehr Unfälle. Das sagt nicht nur weibliches Vorurteil, das sagt auch die Verkehrspolizei. Nein, meine Herren, es trifft nicht zu, daß wir durch unser zögerliches Fahren die Unfälle verursachen. Die Hauptverursacher von Verkehrsunfällen werden nämlich statistisch erfaßt und nach Geschlecht sortiert. Das ist der Bundesanstalt für Straßenwesen zu danken, die ihre Erkenntnisse in einem Buch mit dem bezaubernden Titel »Der Verkehr in Zahlen« festhält. Da steht so einiges über die Männer und die Frauen. Die Ergebnisse faßt Herr Kaiser vom Statistischen Bundesamt in diese feine Form: »52,4 Prozent der Herren, die in einen Unfall verwickelt waren, waren selber schuld. Aber nur 45,9 Prozent der Damen.« Und dann schiebt Herr Kaiser noch ein paar aufschlußreiche Informationen nach: Männer fahren zu schnell, zu dicht, zu alkoholisiert, und sie überholen falsch. Frauen dagegen mißachten die Vorfahrt, können nicht abbiegen und wenden.

Mylady sollte also tatsächlich auf Sie hören, wenn Sie sagen: »Rechts kommt einer.« – »Hier darfst du nicht abbiegen.« Wenn sie Ihnen aber zuruft: »Nicht so schnell!« – »Nicht so dicht!« – »Jetzt nicht überholen!«, dann tun Sie gut daran zu gehorchen. Sonst laufen Sie Gefahr, zum Hauptverursacher in einem Unfall mit Personenschaden zu werden, und davon haben wir pro Jahr ohnehin schon eine Dreiviertelmillion.

Und so bringt uns die Sache mit den Männern und den Frauen ganz natürlich zum Problem der Stoßzeiten im Verkehr. Geheimnisvollerweise nimmt der Automobilbestand weltweit schneller zu als die Bevölkerung. Von 1990 bis 2025 werden sich die Menschen von 5,2 auf 8,5 Milliarden vermehren, die Autos dagegen vervierfachen sich von 500 Millionen auf zwei Milliarden. Schon heute steht jeder von uns 65 Stunden pro Jahr im Stau. Manche sogar gern. »Beim Autofahren«, schwärmt Birgitta, »komm' ich endlich dazu, in Ruhe mit meinem Freund zu reden. Und Stau ist am schönsten. Die erste Liebeserklärung hat er mir auf der A9 gemacht. Am 3. November 1991 um Mitternacht.

Im Jahrhundertstau. 18 Stunden standen wir da.« Im Jahre 2025 wird sie einen Monat Stauzeit pro Jahr einrechnen können. Kinder werden gezeugt, geboren und wachsen heran im Stau.

Und damit es Birgitta, und auch Ihnen, 2025 nicht langweilig wird im Stau, hier einige Vorschläge für alternative Dialoge. Schließlich ist frischer Wind gut für Beziehungs- wie für Blechkisten:

Sie: »Die Ampel ist grün.«
Er: »Der Wal ist ein Säugetier.«

Er: »Das Gaspedal ist unten rechts.«
Sie: »Was ist ein Gaspedal?«

Er: »Gleich kommt gelb.«
Sie: »Gleich komm' ich.«

Brigitte Kronauer

Ehepaar Brommen

Eines Tages, als er schon dreifacher Großvater und die verschleierte Skepsis und schlitzäugig lächelnde Besserwisserei seines Blicks, mit dem er früher seine Kinder sehr zu ärgern verstanden hatte, durch das Erschlaffen der Lider und ein damit verbundenes Kleinerwerden der Augenspalten zur physiologischen Gewohnheit geworden war, gelang es Herrn Brommen, mehr, als er noch zu hoffen gewagt hatte, seine Frau durch bloßen Zuruf aus der Fassung zu bringen, und zwar auf der Schwelle zwischen Diele und Küchentür.

Bis zu diesem Moment, um 11.55 Uhr nämlich, hatte es im Laufe des Vormittags drei sich sacht steigernde und auch, meinte Herr Brommen nachträglich, behielt es aber in der Tiefe seines Herzens verschlossen, hinweisend vorwegnehmende Wortwechsel gegeben. Nachträglich fiel ihm – einem immerhin noch nicht allzu lange pensionierten Polizeibeamten! – auch die Konstanz gewisser Schauplatzfaktoren auf.

Punkt 1: Seiner Frau war beim Blumengießen Wasser von der Fensterbank auf den Teppichboden getropft. Sie kniete gerade und versuchte, mit einem Tuch die Nässe aufzunehmen. Hinzutretend teilte er ihr einen Gedanken mit, einen ihm selbst ganz neuen und in seiner Unumstößlichkeit fast schon wieder entschwindenden, halbwegs zurückzuführen auf einen beim Frühstück gelesenen, in ihm weiterrumorenden Zeitungsartikel über ein Treffen sogenannter ›Mehrlinge‹ in Frankfurt: »Nur wer die Schönheit von Geheimnissen kennt, erkennt die Geheimnisse der Natur, vielleicht auch umgekehrt.« Seine Frau hatte nicht von ihrem Tupfen und Reiben aufgesehen, aber doch nach einer wie im Nachdenken verbrachten Pause geantwortet: »Das mach wohl sein.« Statt »mag« sagte sie immer »mach«.

Punkt 2: Etwa zehn Minuten später, als sie an seinen Tisch kam, um die Decke von den Brotkrumen zu säubern, offenbar in Eile, da die Freitagmorgenarbeit für sie in voller Vehemenz angelaufen war, suchte er sie mit dem Satz: »Ich habe eben eine verirrte Hummel gerettet« zu beruhigen. Ihre Antwort lautete diesmal: »Aha!«.

Punkt 3: Verständlich, daß sie ihm davonlief! Aber bei dem, was er dann entdeckte, handelte es sich um ein kleines Wunder, und sie sollte daran teilhaben. Er konnte es nicht zu ihr hintragen. Sie mußte wohl oder übel zu ihm. Deshalb stellte er ihr, da sie ihn nicht hörte, den Staubsauger ab und winkte sie dann dringlich herbei zu dem Ereignis auf dem von ihr bereits gereinigten Fußboden. »Sieh es dir bitte aufmerksam an, so etwas kommt nicht so schnell wieder vor, vielleicht niemals mehr bis in alle Ewigkeit!«, sagte er und wies auf ein weißes, von einem Heizungsrohr abgeblättertes Lackstückchen: »Na? Na? Haargenau die Form des englischen Pfundsymbols.« Sie hatte sich gebückt und es im Aufheben natürlich zerstört, dabei einen vieldeutigen, fast kränkenden Seufzer von sich gegeben, der aus ganzer Seele zu kommen schien.

Er wünschte sich, ihm wäre wenigstens ihr: »Erstaunlich, mötti ma meinen« zugestanden worden.

Statt der korrekten Artikulation »Möchte ich mal meinen«, wuselte sie, besonders, wenn sie beschäftigt war, schlampig darüber hin: »Mötti meinen«. Es klang wie etwas zärtlich Skandinavisches, fand Herr Brommen, wie ein finnischer Kosename: »Mötti Meinen«. Heute wurde nichts daraus. Daß sie sich so abrackerte! Manches entging ihr dadurch. Sogar die Sterne, gegen Mitternacht, wollte sie nie so recht betrachten. Er jedoch tat das nur zu gern. Ihr gefiel es nicht. Kürzlich, als sie ihn am offenen Fenster bei einer seiner Milchstraßeneuphorien ertappt hatte, war ihm aber gelungen, sie stante pede zu versöhnen: »Der Orion will dein Nachthemd sehen.« Was für eine galante Ablenkung von seiner Universumsschwärmerei! Wider Willen mußte sie kichern über den »Quatsch«. Allen Ernstes, bedachte man ihre 66 Jahre, so konnten ihre Beine, und zwar bis obenhin, schon sensationell schön genannt werden. Ihre Füße, die waren ihr leider völlig wurscht, wie merkwürdig!

Für das Weltall interessierte er sich und heimlich auch für Gott. »O Gott«, sagte er sich, »laß nichts Schreckliches passieren, damit ich noch lange an dich glauben kann.« Was hatte er im Juli 43 während der Bombenangriffe auf Hamburg, »Operation Gomorrha«, gedacht? »O Gott«? Und dann? Er wußte es nicht mehr. Die ›wüste Gottheit‹ war jedenfalls bei ihm nie gemeint. Sogar zu Gelübden hätte er sich im Notfall bereitgefunden.

Es gab eigenartige Momente, wo Versprechungen zum Zwecke seiner Glaubenserhaltung in der Luft lagen und über ihm schwebten als fastenmäßige Auferlegungen, die er keinesfalls abschlagen durfte. Er hoffte nur, ihm würde nicht die Idee kommen, für eine Woche das Rauchen zu lassen. Folge zu leisten gälte es allerdings unter allen Umständen, ohne zu fackeln. Auf der Autobahn passierte es, daß er sich plötzlich fragte: Sind wir nicht am »Kamener Kreuz« vorbei? Wie will Gott, selbst wenn er wollte, das rückgängig machen, wie das bewerkstelligen? Aber hieß das nicht, den Allerhöchsten versuchen? Er fing dann schnell ein Gespräch mit seiner Frau an, die nichts wußte von solchen Anfechtungen. Sie glaubte überhaupt nichts, und er verbarg vor ihr, daß er bisweilen in der Bibel nach herzzerreißenden Sprüchen für seinen Totenzettel forschte. War es nämlich nicht das Alter, das sich meldete, wenn er in letzter Zeit einen scharfen, welterklärenden Gedanken wie stillstehend vor sich sah, der, als er zupacken wollte, verlosch ohne Spur und Anhaltspunkt?

Es ging inzwischen auf Mittag zu. Er hörte durch die Wand, wie seiner Frau soeben in der Küche etwas zerbrach. Nun mußte er noch rasch die Zeitung überfliegen, nach der Politik die Annoncenseite. Schließlich hatte er eine Zeitlang bei der Sittenpolizei gearbeitet. »Strapsmaus, 20, französisch, griechisch, Tel. 89531441« las er. Andere Angebote gaben selbst ihm, dem ›alten Hasen von der Sitte‹, Rätsel auf. Er pflegte aber bei allen Anzeigen zu lächeln und leise pfiffig den Kopf zu schütteln, jedoch stets mit einem Nicken – im Grunde machte ihm niemand, machte ihm keine was vor, er durchschaute den Zinnober wie eh und je – zu endigen. Seiner Frau hinter der Wand mußte jetzt obendrein ein schwerer Topf abgestürzt sein. Herr Brommen tippte auf die Annoncenseite, vergnüglich schmunzelnd: Zeit für ihn, dort drüben einzuschreiten! Er wußte Rat und öffnete die Küchentür.

»Meine Liebe«, er lachte in seiner Vorfreude hell auf, »Mötti Meinen!« Als Überraschung und nagelneuen Kosenamen rief er ihr das zu und ließ sich nicht erschüttern von dem Unfall auf dem Fußboden. Er, Brommen, würde sie schon aufheitern und entzücken: »Mötti Meinen, Mötti Meinen, du – – – finnische Strapsmaus!«

Da packte ›Mötti Meinen‹ das große Brotmesser, hielt es über ihren Kopf, die Spitze gegen ihren Mann gerichtet – eins, zwei, zählte Brommen ungläubig bange mit –, stieß es, weiß und wortlos, in den Tisch, wo es zitternd aufrecht stehenblieb. »Du – – finnische Strapsmaus«, bettelte Brommen heroisch, und erlitt, den Türrahmen umklammernd, ohne sein schlitzohriges Lächeln abstellen zu können, einen beinahe tödlichen Schwächeanfall, dem ein halbes Jahr später der zweite und letzte, seine Niederlage besiegelnd und abschließend, folgte.

Hilke Rosenboom

Einige Nächte mit Jesus

Wenn man noch sehr jung ist, dann glaubt man, daß für das Entstehen von Liebe so was wie Magie vonnöten ist, ein Blick, ein Lächeln oder eine Berührung. Möglicherweise sogar das eine oder andere geschriebene oder gesprochene Wort. Das ist vollkommener Unsinn, aber damals ahnte ich das nicht, und auch heute, nach all den Jahren, weiß ich niemanden mehr, der sich auskennt mit diesen Dingen.

Aber vielleicht war es auch weder Liebe noch Leidenschaft im eigentlichen Sinne, die meine Freundin Susan mit diesem Mann verband. Vielleicht war es ein anderes Gefühl, oder gar keines, vielleicht nur ein Zustand, den die meisten Menschen niemals in ihrem Leben erfahren werden, passiv nicht und aktiv schon überhaupt nicht. Gottlob nicht, würde ich am liebsten sagen, aber das führt uns auf eine völlig falsche Fährte.

Eines Tages machte Susan einen Mann zum Zentrum ihres Daseins, den sie noch niemals zuvor gesehen hatte, über den sie nichts, absolut gar nichts wußte, außer der einen Tatsache: Er würde alljährlich für drei oder vier Tage in unsere Stadt kommen und dann wieder verschwinden bis zum nächsten Osterfest. Das war alles.

Als die Sache begann, war Susan dreißig Jahre alt und Mutter einer zehnjährigen Tochter, einer eigenartigen verkleinerten Kopie ihrer selbst, schwarzhaarig, mandeläugig, groß und schmal und grauenhaft ungeschickt. Susan selbst war der geistesabwesendste Mensch, den ich je kennengelernt habe. Sie schien niemals wirklich zuzuhören, verstand Worte, die keiner gesagt hatte, verlor ständig ihre Schlüssel und konnte ihr Auto nur selten benutzen, weil sie immer vergaß, wo es stand. Manchmal dauerte es Wochen, bis sie es wiederfand. Einmal sogar zwei Monate lang. Das war in dem Winter, bevor alles begann. Da parkte es genau gegenüber ihrer Wohnung. Es handelte sich um einen kalten, harten, langen Winter, und gelegentlich schneite es ein wenig. Mit der zuckrigen Eisschicht auf Dach und Kotflügeln mag das Auto für Susan sehr fremd ausgesehen haben. Vielleicht sollte man dazu noch sagen, daß es sich um einen alten englischen Sportwagen handelte, seltenes Modell. Und er war weiß, immer gewesen.

Sie hatte Pharmazie studiert und gleich nach dem Examen die Apotheke ihres Vater übernommen. Noch im selben Herbst heiratete sie diesen Pharmazievertreter. Ich habe ihn in der ganzen langen Zeit nur dreimal gesehen, obwohl Susan und ich seit unseren Kindertagen befreundet waren und uns regelmäßig trafen. Edgar war ein unauffälliger, altersloser Mann, der Kaufhausanzüge trug und ordentliche Oberhemden, die ihm weiß der Himmel wer bügelte, und er hatte kleine mullweiße Hände. So ein Typ, dachten wir alle, taugte bestenfalls für einige unverhoffte Stunden von der Art, wie sie mit fast jedem Mann erträglich sind und mit vielen leidlich interessant. Wir waren sechs oder sieben Freundinnen zu der Zeit, alle auf derselben Schule gewesen, keine auch nur annähernd so schön wie Susan, aber diesen Edgar hätte niemand von uns geheiratet, auch nicht im Notfall. Es hatte keinen Sinn, mit Susan darüber zu reden. Sie verstand nicht einmal, was wir meinten.

Edgar nahm die damals fünfjährige Tochter, die auch Susan hieß, als sein eigenes Kind an, absolvierte die kurze

Hochzeitsreise, schnappte seinen Vertreterkoffer und fuhr wieder los. Ich habe nie verstanden, wie diese Ehe funktionierte. Bestimmt vergaß Susan immer wieder, daß sie verheiratet war und mit wem, bis ihr Mann dann wieder vor ihr stand. Heimgekehrt von einer seiner Dienstreisen erschien er ihr vermutlich begehrenswert oder wenigstens ungewöhnlich. Er blieb wohl niemals länger als ein Wochenende.

Irgendwie schaffte Susan es jeden Morgen, in ihrer Apotheke zu erscheinen. Zwei ältere Helferinnen, die schon ihrem Vater treue Dienste geleistet hatten, schlossen jeden Morgen die Glastür auf. Kurze Zeit später tauchte dann Susan auf, mal ungekämmt, was ihr sehr gut stand, mal mit nassen Haaren, mal in einem Kittel, den sie verkehrt herum trug. An einem Tag im Frühling, als ich vorbeikam, stand sie vor ihrer Apotheke auf einer Leiter und spritzte den gläsernen Schriftzug mit dem Wasserschlauch ab. Sie war mit einem Unterrock bekleidet, mit Gummistiefeln und mit einem karierten Kopftuch.

Daß sie Strümpfe in gleicher Farbe anhatte, habe ich nie gesehen, aber Strumpfhosen haßte sie. Eigentlich ist es ein Wunder, daß aus diesem Stadtteil kein einziger merkwürdiger Fall von Medikamentenvergiftung bekannt geworden ist. Denn es ist absolut unwahrscheinlich, daß Susan bei ihrer Arbeit konzentrierter gewesen sein sollte als in allen anderen Dingen des Lebens.

In den beiden Jahren vor dem Abitur hatten Susan und ich und zwei weitere Freundinnen, die Svensson-Zwillinge, Gesangsstunden genommen. Unser Interesse an Musik hielt sich in Grenzen, aber der Gesangslehrer, der bei uns in der Straße wohnte, war es wert, jeden Tag eine halbe Stunde lang zu üben und zweimal pro Woche mit dem Notenpaket unterm Arm in den vierten Stock hinaufzuklettern. Er war Russe. Als wir alle unsere Affäre mit ihm gehabt hatten, gleichzeitig oder nacheinander, das war später nicht mehr zu klären, zog er in eine andere Stadt, und in derselben Woche begann unser erstes Semester an der Uni. Wir sprachen nur noch selten von ihm, Susan hatte ihn nach einer Woche aus ihrem Gedächtnis gelöscht. Wenn wir seinen Namen erwähnten, musterte sie uns mit diesem Ausdruck bodenloser Konzentration, den nur wirklich vergeßliche Menschen haben können, und natürlich nur für wenige Sekunden. Was uns blieb, waren unsere nunmehr geschulten Altstimmen und die zweifelhafte Fähigkeit, an einen Konzertflügel gedrückt innerhalb von fünf Minuten zum Orgasmus zu kommen, ohne dabei die Partitur aus der Hand legen zu müssen. Daß man sich auch im Liegen lieben kann, hielten wir damals für eine Legende.

Ich weiß nicht, ob es die Gewohnheit war, regelmäßig zu singen oder etwas anderes. Jedenfalls traten Susan und ich und die Svenssons nach dem Examen in einen Kirchenchor ein. Geprobt wurde einmal pro Woche, an jedem Karfreitag gaben wir ein Passionskonzert, zu dem auch einige Orchestermusiker und vier oder fünf professionelle Sänger als Solisten anrückten: eine Inderin, die jedes Jahr die Maria Magdalena verkörperte, ein Evangelist, Petrus und natürlich Jesus. Außer Maria Magdalena blieb uns keiner der Solisten mehr als zwei oder höchstens drei Osterfeste lang treu, und so waren wir nicht sehr überrascht, als es an einem Chorabend im Winter hieß, daß am diesjährigen Karfreitag ein neuer Jesus mit uns auftreten werde, ein junger Engländer, der eben erst seine Ausbildung abgeschlossen habe und die Partie deswegen für eine geringe Gage singen werde.

Susan, die mit einer halben Stunde Verspätung zur Probe angerannt kam und irgendwas von durchgeknallten Taxifahrern flüsterte, starrte den Chorleiter an, als läse sie in seinem Gesicht. Ach, sagte sie nach einer Weile, ein neuer Jesus, das ist aber gut. Wir hatten es längst aufgegeben, auf Bemerkungen wie diese zu reagieren. Wir sangen das Passionskonzert mit, weil wir sonst aus dem Chor geflogen wären, und wir brauchten den Chor, weil es so ein schöner fester Termin in der Woche war und wir nach der Probe natürlich noch mit den anderen Mädels um die Häuser zogen. Nichts macht so derben Durst wie Singen. Da es keine weiteren Informationen zum Thema Jesus gab, versenkten wir uns in die Partituren und begannen mit der Notenarbeit.

Es war sieben Wochen vor dem Konzert. Es kam mir nicht in den Sinn, daß Susans Verhalten etwas mit diesem fremden Mann zu tun haben könnte, den sie am Mittwoch vor Ostern das erstemal in ihrem Leben sehen würde.

Jeder, der Susan kannte, hat Schwierigkeiten zu beschreiben, was bei ihr normal war und was als ungewöhnlich gelten konnte. Da sie selbst ständig alles vergaß, wirkte sie auch für ihre Freundinnen jeden Tag anders. Wenn sie morgens aufwachte, schien sie sich nur noch mühsam zu erinnern, wer sie eigentlich war, welche Gewohnheiten sie hatte und welche Vorlieben, welche Pläne und welche Erfahrungen, so als sei ihre eigene Identität ein irrer Traum, der seinen Träumer verläßt, sobald der sich erhebt.

Wir hatten uns im Laufe der Jahre daran gewöhnt, ihr einen Kinofilm Bild für Bild beschreiben zu müssen, den sie selbst mit uns vor wenigen Wochen gesehen hatte. Zumindest war sie mit im Kino gewesen und hatte mit untergeschlagenen Beinen in einem der Sesselchen gehockt, die weit aufgerissenen Augen auf die Leinwand gerichtet. Was hatte sie gesehen? Was gehört? Und was davon behalten? Wir kannten diese nächtlichen Telefonanrufe, in denen sie eine von uns bekniete, jetzt sofort mit ihr dorthin oder dahin zu gehen, um ein Theaterstück, eine neue Kneipe oder den nächtlichen Sternenhimmel anzuschauen. Wer sich rumkriegen ließ und dann tatsächlich zu ihrer Wohnung fuhr, konnte niemals wissen, was ihn dort erwartete. Susan, verpennt, in einen viel zu großen rosa Morgenrock gehüllt, Susan in ihrem winzigen Ausgehfummel, aufgeregt, zum Ausschwärmen bereit, Susan, mit einem Liebhaber im Bett, oder auch nur die kleine Susan, die sich nach längerem Befragen zu erinnern glaubte, daß ihre Mutter vor ungewisser Zeit das Haus verlassen hatte.

Susan konnte tagelang Kette rauchen und dann für Wochen nicht einmal ertragen, wenn in einem Restaurant am Nebentisch eine Zigarette angezündet wurde. Sie lebte nach komplizierten Ernährungsregeln, die sie störrisch einhielt oder auch plötzlich über Bord warf. Sie war der Schrecken jeden Kellners und jeder einzelnen Boutiquenverkäuferin in der Stadt. Daß ein nach ihren Anweisungen kompliziert verpacktes Geschenk in einer Parfümerie vor ihr auf dem Tresen lag, daß sie ihr Portemonnaie bereits geöffnet und den Geldschein in der Hand hatte, hieß weniger als nichts. Sie behielt sich immer vor, auch im allerletzten Augenblick noch nein zu sagen.

Und dennoch. In diesem späten Winter ging eine Veränderung mit ihr vor, die wir erst viel später analysieren konnten. Es fing damit an, daß Susan fraß, sieben Wochen lang, die ganze Fastenzeit hindurch. Sie war immer ein hageres Geschöpf gewesen, als Teenager an der Grenze zur Hohläugigkeit, als junge Frau ein etwas groß geratenes Elfchen. Nun plötzlich begannen sich ihre Hüften zart zu runden, und die flachen Brüste schwollen zur Apfelgröße an. Ihre Schenkel wölbten sich in den immer enger sitzenden Jeans und ihr flacher Hintern straffte sich zu einem kleinen runden Mond. Sie schien immer und immer Hunger zu haben. In einer Theaterpremiere, zu der wir noch Karten bekommen hatten, drehten sich die Leute fassungslos nach ihr um und konnten dann doch den Blick nicht von ihr lassen, weil sie sich völlig in ein Kilo Kirschtrüffel versenkt hatte, das sie mit geschlossenen Augen und laut schmatzend vertilgte.

Die plötzliche Gewichtszunahme war für Susan kein Grund, sich neue Kleider zu kaufen. Sie zog an, was sie besaß, und wenn eine Naht an ihrem Rock platzte, was mehr als einmal vorkam, brachte sie ihn nicht zur Schneiderin, sondern trug ihn ungerührt weiter. Was die Leute dachten, hatte sie ohnehin nie interessiert, ich bin sicher, sie hat die verwunderten Blicke noch nicht einmal wahrgenommen. Etwa zwei Wochen vor Ostern erreichte Susan ein Gewicht, das sie dann für die folgenden Jahre hielt. Mit ihren leicht gerundeten Formen und der ewig unordentlichen, aber teuren Kleidung sah sie nun aus wie die Schlampe, die sie wirklich war. Wir bewunderten sie alle sehr.

Jesus reiste an einem Dienstag an und präsentierte sich dem Chor und den anderen Solisten am Mittwoch. Ein uninteressanter Mann. Er war wohl Ende Zwanzig, also etwa zwei Jahre jünger als Susan, groß und dunkel und knochig. Gute Stimme. Aber er sprach nicht viel.

Der Übungsraum war wie immer im Winter völlig überheizt, die Bässe stöhnten, die Tenöre blätterten gelangweilt in ihren Partituren, der Sopran trug eisern Wollpullover, der Alt saß schon nach wenigen Minuten in ärmellosen T-Shirts da. Wir nahmen Aufstellung. Susan quetschte sich eng zwischen Lucy und mich, wie immer, denn sie brauchte den Körperkontakt zu zweien von uns, um ihre Einsätze zu spüren, wenn wir einatmeten. Der Chorleiter redete mit leiser Stimme auf Jesus ein, der nur gelegentlich nickte. Susan beobachtete die Szene mit halb gesenkten

Lidern. Da geschah es plötzlich. An Susans weichen Unterarmen stellten sich die Härchen auf. Lucy und ich spürten es gleichzeitig und blickten erst sie und dann einander verwundert an. Was war los? Bei dieser Raumtemperatur froren noch nicht einmal die Sopranistinnen. Jesus suchte in seiner Partitur herum. Ich bin mir sicher, er nahm keine von uns wahr. Susan schloß die Augen, sang, wenn wir singen sollten, und sprach ansonsten kein Wort. Die Härchen an ihren Armen blieben die ganze Zeit aufgestellt. Lucy zuckte die Schultern. Daß Susan nicht so war wie wir, wußten wir lange. Warum also sollte nicht auch ihr vegetatives System einige Besonderheiten haben?

Nach der Probe verschwand Susan im Dunkel der Nacht, ohne sich noch einmal umzusehen. Jesus ging mit uns und den anderen ein Bier trinken, hörte aufmerksam zu, lachte gelegentlich leise und verabschiedete sich bald. Wenn Susan nicht gewesen wäre, hätten wir ihn nach kurzer Zeit vergessen.

Am Tag vor dem Konzert rief sie mich nachmittags auf der Arbeit an und sagte, ich müsse jetzt sofort alles stehen und liegen lassen und augenblicklich zu ihr kommen, sie hielte es nicht mehr aus. Anrufe wie diesen hatte ich von ihr schon zu Dutzenden bekommen, aber jetzt war etwas in ihrer Stimme, das mich aufhorchen ließ. Sie sprach lauter als sonst, konzentrierter und entschlossener, sie bettelte nicht um einen Besuch, wie sie es sonst so oft tat, sie teilte mit, daß sie besucht werden müsse.

Die kleine Susan öffnete die Wohnungstür, sah mich entgeistert an und rang sich dann die Information ab, ihre Mutter läge wahrscheinlich im Wohnzimmer auf dem Sofa. Natürlich stimmte das nicht. Sie saß in der Küche am Küchentisch, rührte in einer Kaffeetasse und wirkte so wach wie nie zuvor.

Was ist los, Susan? Sie lächelte und erzählte die Geschichte. Jesus, so sagte sie, sei ihre Rettung. Er hieße natürlich in Wirklichkeit anders, Jeff oder Geoffrey oder so, keine Ahnung. Aber noch niemals zuvor habe sie einen Mann so sehr begehrt wie ihn.

Ich muß sie wohl sehr verwundert angesehen haben, und seltsamerweise schien sie das sogar zu bemerken.

Es ist nicht, wie er aussieht oder wie er singt oder wie er spricht, es ist etwas völlig anderes, sagte sie.

Aha, dachte ich.

Nein, nicht, was du denkst. Das heißt, natürlich doch. Es ist alles viel komplizierter. Wir haben uns bisher nur unterhalten, ganz kurz unterhalten, fügte sie hinzu. Das ist es ja gerade. Ich hätte es wissen müssen, ich meine, wir haben doch alle diese Gesangsstunden genommen, damals, weißt du das noch? Wahrscheinlich weißt du es nicht mehr. Aber ich. Sie sah mich aus ihren dunkelblauen Augen ernsthaft an. Da war es doch genauso.

Was war genauso? Ich verstand kein Wort.

Es schlägt auf die Stimme, sagte sie, beziehungsweise, es verbessert sie.

Du redest also über Sex? Oder Liebe? Ich nahm mir noch einen Kaffee. Bitte, Susan, erklär mir, was du meinst.

Sie schloß genervt die Augen und öffnete sie wieder. Jesus sagt, daß er seine Stimme ruiniert, wenn wir es vor dem Konzert tun. Es ist seine erste Passion in Deutschland, es ist alles für ihn sehr wichtig. Gerade für Bässe ist das nicht gut, sagt er. Es nimmt das Volumen, es nimmt den Schmelz, es nimmt einfach alles. Natürlich nur, wenn es richtig heftig ist, sonst ist es egal. Sie seufzte.

Ich mußte kurz überlegen und sagte ihr dann, daß ich das Ganze für Quatsch hielte. Viele große Sänger seien doch auch große Liebhaber. Das wisse man doch.

Susan antwortete so schnell, daß ich das Gefühl hatte, sie hätte sich diesen Dialog schon vorher überlegt. Klar, sagte sie. Ohne Sex geht nichts, sonst kommt natürlich niemals ein besonderer Klang in die Stimme. Nicht in tausend Jahren. Der Trick ist die Spannung, sagt Jesus. Vor dem Konzert gibt es ein Versprechen, nach dem Konzert wird es sofort eingelöst. Kitschig, oder? Sie kicherte.

Ich überlegte einen Moment und zündete mir eine Zigarette an. Ist das so eine Art Verabredung? Kommt mir seltsam vor.

Sie nahm mir die Zigarette aus der Hand und zog so heftig daran, daß ein zentimeterlanges Stück an Glut aufging. Du verstehst es nicht. Es geht überhaupt nicht um mich. Das ist ja das Schöne daran. Es macht mich ganz fertig. Ich denke pausenlos daran, wie es sein wird. Und wo. Sie atmete hörbar ein und öffnete die obersten Knöpfe ihres Kleides. Die Haut über ihrem Busen schimmerte rosa. Ich meine, wenn ich mich nicht darauf einlassen würde, dann hätte er dich gefragt.

Mich? Ich war so überrascht, daß ich husten mußte.

Susan klopfte mir den Rücken und ließ sich wieder auf ihren Stuhl fallen. Ja, dich oder Lucy oder irgend jemand anderen, was weiß ich.

Das erzählt er dir?

Für einen winzigen Moment hatte ihr Blick wieder dieses Erstaunen, das mir so vertraut war. Es war sofort vorüber. Susan wurde ungeduldig. Also, er hat es nicht direkt gesagt. Das brauchte er auch gar nicht. Es war doch klar. Wenn nicht einmal du das verstehst. Sie zog die Stirn in Falten und starrte mich wütend an. Meine Güte, er will authentischen Sex, nichts anderes. Er will das, worauf ich mein ganzes Leben lang gewartet habe. Sie schien über ihre eigenen Worte überrascht zu sein und stockte kurz. Das Ganze natürlich auf ganz hohem Niveau, sagte sie. Ihre Nasenflügel bebten wie die aller höheren Töchter, denen man niedrige Gelüste unterstellt. Sonst würde es mich natürlich überhaupt nicht interessieren, sagte sie.

Ich hatte das Gefühl, in einer Statistikvorlesung zu sitzen und den Klang der Worte aufzunehmen, nicht aber ihren Inhalt. Er ist ehrgeizig, fügte Susan hinzu, so als ob diese kleine Information der Schlüssel zum Verständnis ihrer Gedanken sei.

Auf dem Nachhauseweg stoppte ich vor der Wohnung der Svenssons und saß im dunklen Auto, bis die Scheiben von innen beschlugen. Es hatte keinen Sinn, ihnen jetzt diese Geschichte zu erzählen. Vielleicht würde Susan es selbst tun, vielleicht auch nicht. Vielleicht war dies auch nur eine ihrer Launen.

Jesus meinte es ernst. Den Blick werde ich nie vergessen. Nicht in tausend Jahren, wie Susan gesagt hätte. Es war Karfreitag, der Tag des Konzertes. Draußen heulte ein feuchter Sturm um die Häuser und kehrte die Reste des Winters unter die Büsche. Der Himmel war klar und hoch. Wir hatten uns schon eingesungen und verbrachten die letzten Minuten bis zum Konzert in der Damentoilette im Gemeindehaus, wo wir uns summend die Lippen nachzogen, pinkelten, ohne die Türen zu verschließen, einige Atemübungen machten und versuchten, die offene Naht an Susans viel zu engem schwarzen Unterrock mit einem Bürohefter festzuticken. Susan war so aufgeregt wie immer und hielt sich dicht neben mir, als wir den Glasgang zur Kirche hinüberstöckelten.

Er kam uns entgegen. Er trug einen schwarzen Anzug und ein schwarzes hochgeschlossenes Hemd, die Haare glänzten wie feuchte Rinde, seine Partitur hatte er in schwarzes Leinen gebunden. Der Blick sollte sie treffen, und er traf sie auch. Er war ein Scharfschütze. Er peilte mit der überlegenen Ruhe des Profis. Der Blick glitt über Susans nähere Umgebung, verharrte für den Bruchteil einer

Sekunde auf meinem Gesicht, schnellte weiter. Ich spürte, wie das Blut in meinen Kopf stieg. Susan beschleunigte ihren Schritt. Er blieb stehen, drehte sich zur Seite, um uns auszuweichen in dem engen Gang, vermutlich streiften sich ihre Kleider leicht.

Das Konzert war ein Erfolg wie alle Passionen, die an allen Karfreitagen in den Kirchen sämtlicher Städte aufgeführt werden, denn die Leidensgeschichte Jesu scheint sich und den Zuhörern jede Kritik zu verbieten. Aber wir spürten es trotzdem. Der Chor war unkonzentriert und ließ mehr als einen Einsatz zerfließen, fast war es so, als würde Susans Aufregung nach und nach uns alle betäuben, wie ein giftiges Elixier aus Angst und Erregung, das seinen Kristallflakon gesprengt hatte und nun auf dem warmen Boden der Kirche verdunstete. Maria Magdalena segelten die Noten zu Boden, der Evangelist mußte sich einige Male räuspern, Judas sang dieselbe Arie zweimal hintereinander, und dem Chorleiter saßen die Schweißperlen auf der Stirn wie angeklebt. Einzig die Stimme des Jesus erfüllte den ganzen Raum, eine herrschsüchtige große Stimme von gottlosen Höhen und samtschwarzen Tiefen, von vibrierendem Zorn und von eisiger Poesie. Susan stand stumm, die Lippen verschlossen, die Knie und die runden Schenkel eng zusammengepreßt, wollte nicht schreien und ihm nicht entgegenfließen, krallte die Noten mit weißen Knöcheln und blickte die ganze Stunde lang starr zur Kirchentür.

In diesem Jahr blieb sie nur zwei Tage lang verschwunden, in den folgenden waren es drei. Wir wußten es alle. Nach und nach hatte sie Lucy und die Svensson-Zwillinge, dann auch unsere anderen beiden Freundinnen ins Vertrauen gezogen. Schon im ersten Jahr wurde uns Jesus so vertraut wie kein anderer Mann auf Erden. Susan, die sich früher nicht einmal ihre eigene Hausnummer merken konnte, entwickelte ein Gedächtnis für kleinste Details, das uns alle verblüffte. Sie genoß es, immer und immer wieder zu erzählen, was sich in den Ostertagen jeden Jahres unmittelbar nach dem Konzert ereignete. Ihre leise fahrige Stimme ging dann auf zu einem weichen großen Alt, sie gestikulierte, und gelegentlich erhob sie sich sogar, um eine Körperhaltung oder eine Bewegung pantomimisch zu verdeutlichen. Nach einiger Zeit war sie selbst so sehr an diese Schilderungen gewöhnt, daß sie den ständigen Wunsch verspürte, uns mehr und mehr zu erzählen, und jede von uns genoß es.

Wenn wir abends in einem Restaurant saßen, verstummten gelegentlich die Leute an den Nebentischen, strafften sich verwundert und hörten und sahen heimlich zu, wie seine Berührungen ihre Schenkel öffneten, wie sie sich ihm entgegenbog, wie sie die Lippen öffnete, um ihn aufzunehmen. Dann blickten einige der Umsitzenden leer auf ihre Begleiter, die manchmal weiterredeten von Bilanzen, Premieren und Affären und nicht bemerkten, was an unserem Tisch geschah. In den ganzen fünf Jahren ist es nicht ein einziges Mal vorgekommen, daß wir aus einer Kneipe, einer Bar oder einem Restaurant hinausgeschmissen worden wären. Aber jede von uns rechnete in jedem Moment damit.

Meistens wartete Susan mit ihren Darbietungen, bis das Essen auf dem Tisch stand und bis alle den ersten Schluck Wein und die erste Zigarette intus hatten. Dann irgendwann glitt ihr Blick über den Tisch und maß die einzelnen Speisen nach ihrer Eignung als Requisiten. Mann, bin ich froh, daß wir aus dem Würstchen-Alter heraus sind, flüsterte Lucy einmal, als Susan entschlossen eine frische Spargelstange in die Hand nahm und begann, sie zu liebkosen. Aber so einfach machte sie es sich nur im ersten Jahr. Später wurde sie raffinierter. Und abwechslungsreicher. Niemals in all den Jahren sahen wir auch nur eine einzige Szene ein zweites Mal.

Einmal langte sie über den Tisch, riß das tomatenrote Herzstück aus einer Artischocken-Pizza auf dem Teller der dickeren Svenssonschwester, formte es ein wenig mit den Fingern, die sie zwischendurch immer wieder mit der Zunge anfeuchtete und hielt ihr klaffendes rosa Werkstück schließlich triumphierend in die Höhe. Na, wie sieht das aus? Genau. Jetzt stellt euch Jesus vor. Wir sind ganz in der Nähe der Felsenhöhle. Er steht aufrecht vor einer mannshohen Mauer aus grobem Feldstein, so etwa. Ich selbst sitze auf der Mauer, ihm zugewandt und spreize die Schenkel. Sie erhob sich und legte die Artischocke, oder was davon noch übrig war, schräg und mit dem Spalt nach vorne auf die hohe Fensterbank des Restaurants.

Es ist dunkel draußen und kühl, im schwachen Licht der Laterne sind nur Umrisse zu erkennen und sein helles Gesicht mit den dunklen Haaren zwischen meinen Knien. Ich muß mich mit den Händen auf der Mauer aufstützen, um nicht nach hinten zu stürzen. Da spüre ich plötzlich etwas Weiches unter meinen Fingern, eine Rabenfeder vielleicht, ja, ich bin sicher, es war eine Rabenfeder. Er nimmt sie mir aus der Hand, und ich weiß, was er vorhat.

Susan unterbrach sich kurz, nahm einen Schluck Wein und ließ ihre gierigen Augen zum Blumenarrangement auf dem Tisch wandern. Eine Nelke ist natürlich nicht so weich wie eine Feder, sagte sie, aber es wird ein ähnliches Gefühl sein. Sie riß der Nelke den Kopf ab und näherte sich wieder ihrer Artischocke.

Er berührt mich zuerst nur sehr vorsichtig mit der Feder.

Sie strich leise über die Artischocke. Die beiden Kellner unterbrachen ihren Service und beobachteten die Szene vom Buffett aus. An den Tischen verstummten die Gespräche, Stühle rückten, Weingläser wurden langsam zum

Mund geführt und verharrten dort. Susan schien von nun an niemanden mehr wahrzunehmen. Sie hielt die Blume in der Hand und schob sie unter ihren Rock. Sie lehnte sich an Lucys Stuhllehne, öffnete die Knie und deutete die Bewegungen ihres Beckens an, kreisend zunächst, dann immer heftiger auf und ab schnellend. Sie bog ihren Oberkörper weit nach hinten. Sie stöhnte verhalten und murmelte Worte, die nur wir Freundinnen verstehen konnten. Die Umsitzenden neigten die Köpfe und reckten die Hälse. Einige bewegten stumm ihre Lippen.

Dann war es plötzlich vorbei. Susan ließ sich auf ihren Platz sinken, atmete langsam aus und griff sofort nach einer Zigarette. Der Kellner näherte sich leise summend, wickelte die Artischocke in eine Serviette, legte sie auf ein Tablett und trug sie in die Küche. Die zerfetzte Nelke blieb unbeachtet auf dem Tisch liegen. Vielleicht sollten wir nachher noch ins Kino gehen, sagte Susan unvermittelt. Was war eigentlich gestern mit deinem Anrufbeantworter los, Lucy?

Ich habe damals nicht darüber nachgedacht, wie sich die Sache weiterentwickeln würde und wie sie enden könnte. Das Osterfest und seine Vorbereitungen, die Proben für die alljährliche Passion waren Teil unseres Lebens geworden. Die Jahre vergingen, und wir hatten alle das Gefühl, daß sie Karfreitag endeten und nach Ostern wieder begannen, mit einer neuen Spielzeit und völlig neuem Programm. Susan verschwand nach jedem Konzert und tauchte an jedem Dienstag nach Ostern wieder auf mit neuen Schilderungen, anderen Darstellungen, mit mehr und mehr Geschichten, die die nächsten zwölf Monate erfüllten.

Sie veränderte sich nicht. Noch im Jahr als Jesus starb, hatte sie die weiche Haut eines jungen Mädchens, die Zartheit und die Energie. Sie war nun fünfunddreißig Jahre alt. Wir haben später oft über diese Zeit gesprochen. Was hätte uns auffallen können? Was war anders als in den Jahren zuvor? Es gab keine Antworten.

Der Körper des Mannes wurde am Abend des Ostersonnabend von spielenden Kindern gefunden, die lange hätten zu Hause sein sollen und zunächst nicht wagten, ihren Eltern von dem Toten zu berichten. Erst am nächsten Morgen brach einer der Jungen sein Schweigen. Später führte er die Beamten der Mordkommission in den Garten hinter der Kirche. Die Kriminalpolizei sicherte Blutspuren und drei benutzte Präservative, eine angebrochene Schachtel mit Halspastillen und die schäbige Aktentasche des Sängers, die vollgestopft mit Partituren war, aber keine persönlichen Gegenstände enthielt. Der Fundort ließ auf eine Gewalttat schließen. Eine Leiche gab es nicht mehr. Auch wurde niemand vermißt, auf den unsere Beschreibung gepaßt hätte. Unter dem angegebenen Namen und der Adresse lebte ein alter Mann in einer Sozialwohnung in der Nähe von Liverpool. Er galt als Querulant und hatte in seinem Leben nur wenig gesungen. Die wahre Identität des Jesus konnte nicht ermittelt werden. Wir sahen ihn nie wieder.

Susan schien sich schon nach wenigen Tagen kaum noch an ihn zu erinnern. Sie erklärte, daß sie in diesem Jahr die Ostertage im Bett verbracht habe, um eine böse Halsentzündung auszukurieren. Auch spiele sie mit dem Gedanken, aus dem Chor auszutreten. Das ewige Singen langweile sie zu Tode.

Petra Oelker

Der Turm von Vernazzano

Die Leute im Dorf sagen, daß diese Geschichte gelogen ist. Aber das stimmt nicht. Diese Geschichte ist so wahr wie der herbe Duft von Thymian und Rosmarin, der an milden Oktoberabenden über dem Tal liegt, so wahr wie das heisere Gebell der Hunde, das auch heute noch die Stille der Herbstnächte von Vernazzano unterbricht, wenn der Mond voll wird.

Er hatte den Turm nicht gleich bemerkt. Am siebten, vielleicht sogar erst am zehnten Tag, sah er ihn. Er war wieder früh aufgewacht, und während heißes Leitungswasser für den Pulverkaffee in die Tasse floß, blickte er schläfrig durch das Küchenfenster. Die Sonne war gerade erst über die Hügel gekrochen und begann, den Morgennebel aufzusaugen. Auf dem dunklen Grün der Macchia, dem Dikkicht aus Buschwerk und Flaumeichen, das die Abhänge wie ein Pelz überzog, glitzerte matt der Tau.

Weil diese Nebelwelt so unwirklich erschien, glaubte er zuerst, auch der Turm sei eine Schöpfung seiner Phantasie. Der Rest eines Traumes, der noch nicht den Weg zurück ins Vergessen gefunden hatte. Der Mann trank einen Schluck Kaffee, er schmeckte bitter und ein wenig ölig, und ging, die große Tasse in der Hand, die Außentreppe hinunter auf die Wiese. Aus den Ölbäumen flogen Vögel auf. Nur einer blieb und keckerte ein rauhes Lied. Es klang, als habe er Kastagnetten anstatt eines Schnabels. Als sänge er gegen die Süße des Morgens an. Der Mann spürte den Tau kalt an den Füßen; er würde sich bald wieder daran gewöhnen müssen, Schuhe zu tragen.

Der Turm war immer noch da. In der Mitte des Tales, etwa auf halber Höhe des Abhangs, ragte er schief aus der Macchia, als wolle er sich bald vollends bis unter das Buschwerk neigen. An seiner linken Seite, gleich unter den Resten der Mauerkrone, wuchs eine magere Birke aus den grauen Steinen. Die Konturen des kunstlos aufgetürmten Quaders verschwammen im Dunst. Eine Wolke schickte ihren Schatten, und das oktobergelb leuchtende Laub des Baumes wurde fahl.

Fahr doch einfach ein paar Tage aufs Land, hatte sie gesagt. Dort kannst du sicher besser arbeiten. Das Grüne und die Stille tun dir immer gut. Er nannte sie seine Frau, obwohl sie nicht geheiratet hatten, aber fünf gemeinsam gelebte Jahre, da gehörte man einander doch schon. Sie sprach nie von ihm als von ihrem Mann. Das kränkte ihn, aber er hatte es ihr nie gesagt. Doch manchmal, wenn er in der Dunkelheit wach lag und ihren zufriedenen Atem neben sich hörte, wußte er, daß es ihm, so wie es war, genug war. In den letzten Monaten hatte er in vielen Nächten auf ihren Atem gehört und vergeblich auf den Impuls gewartet, sie zu umarmen, um in ihrer Wärme wieder einzuschlafen.

Schließlich, an einem Mittwochmorgen, packte er eilig eine Tasche mit den wichtigsten Unterlagen, verstaute den kleinen Computer und den Drucker auf der Rückbank des Autos, um nach Süden zu fahren. Sie zeigte keine Überraschung, und hinter der Herzlichkeit ihrer Umarmung zum Abschied glaubte er, Erleichterung zu spüren. Ich melde mich, wenn ich angekommen bin, sagte er, und sie nickte lächelnd.

Sein Ziel war ein Haus in den Hügeln über dem nördlichen Ufer des Trasimenischen Sees. Es war nach dem

Ende des Sommers nur selten bewohnt, und der Freund, dem es gehörte, war froh, wenn sich jemand darum kümmerte. Bleib solange du willst, hatte er gesagt, am besten den ganzen Winter. Die Heizung funktioniere jetzt reibungslos. Der Schlüssel sei bei Luciano in der Bar unten im Dorf. Er solle auf die Skorpione achten, obwohl die nicht wirklich gefährlich seien, und falls er eine Maus sehe, die Falle sei im Küchenschrank.

Er hatte sich auf die lange Fahrt nach Umbrien gefreut. Auf die Bewegung, den Lärm der Straßen, die schnell vorbeiziehenden Bilder. Auf dieses Gefühl des Lenkrades, fest und sicher in beiden Händen, auf die Freiheit, wo immer er es wünschte, anzuhalten, abzubiegen, zu bleiben. Aber als er am Abend Bolzano erreichte, verließ er die Autostrada und suchte sich in der Altstadt ein Hotel. Er trug das ganze Gepäck in sein Zimmer, plötzlich überzeugt, daß irgend jemand nur darauf wartete, seinen Computer zu stehlen. Bei dem Gedanken war ihm übel geworden. Den Rest des Abends verbrachte er in der Gaststube des Hotels, lauschte den italienischen Lauten der Gäste und Kellner, ohne etwas zu verstehen. Aber das störte ihn nicht. Das Rauschen der Worte war wie das Rauschen des Motors auf der Autobahn. Die Menschen in der Gaststube wie die Bilder der Landschaften hinter den Autoscheiben. Er trank grünen Wein und fühlte sich sicher.

Am nächsten Morgen schlenderte er durch die Altstadt, trank einen Kaffee an irgendeiner Straßenecke und zögerte lange, bevor er in einer Telephonzelle den Hörer abnahm. Er hörte die Ansage des Anrufbeantworters – sie war längst in ihrem Büro – und legte auf, ohne eine Nachricht zu hinterlassen.

Die Straße hinauf und bei dem Schild »Privato« rechts einbiegen, sagte Luciano am Abend des nächsten Tages und schob den Schlüssel über den Tresen. Er fand das Haus sofort. Der abnehmende Mond war nur eine Sichel und gab wenig Licht, vielleicht hatte er einfach Glück gehabt. Die Zweige links und rechts des engen Weges hatten aufdringlich an den Autotüren gekratzt, und er war froh, als sich der Buschwald lichtete und der Weg auf einer breiten Hofeinfahrt endete. Das alte Gehöft stand nur wenig unter der Kuppe der Hügelkette, die sich in einem weiten V zur See-Ebene auseinanderstreckte. Er sah hinunter auf Vernazzano, nur eine Handvoll Häuser in staubigen Gärten entlang der Dorfstrafe, und auf die Lichtpunkte einiger Scheinwerfer, die sich auf der Straße von Tuoro nach Passignano am Nordufer des Sees bewegten. Er hörte nichts als den reibenden Gesang der Zikaden. Die Nacht war milde, er fürchtete sich nicht.

Am nächsten Morgen fuhr der Mann nach Passignano. Er kaufte Lebensmittel und Wein für eine Woche, fand eine Telephonzelle und erklärte dem Anrufbeantworter, daß er gut angekommen und das Wetter ganz prächtig sei. Er wolle nun arbeiten und werde sich bald wieder melden. Auf der Rückfahrt trank er bei Luciano einen Kaffee und einen doppelten Grappa, übte sich ein wenig in seinem eingerosteten Italienisch und verschwand wieder auf seinem Berg.

In den ersten Tagen arbeitete er konzentriert. Der lange Tisch in der Wohnküche war sein Arbeitsplatz. Ab und zu ging er hinaus in die Sonne, atmete tief den Duft von Rosmarin, Thymian und Oliven, schlenderte über die abfallende Wiese zwischen den Ölbäumen bis zum Waldrand und suchte sich einen Weg durch das struppige Unterholz. Er ging nie weit. Später wollte er das Tal und das Land hinter den Hügeln erkunden. Er würde auch die kleinen Städte besuchen, die auf den Kuppen der umbrischen und toskanischen Hügel hinter tausendjährigen Stadtmauern dösten. Cortona und Arrezzo. Gubbio, Ficcule, Pienza oder Città della Pieve. Auch Orvieto und Assisi, und für einige Tage Rom oder Florenz. Und ans Meer. Ganz gewiß würde er auch ans Meer fahren. Vielleicht nach Punta Ala. Später. Wenn er die nächsten beiden Kapitel abgeschlossen hatte.

In den Nächten schlief er tief, und falls er träumte, erinnerte er sich am Morgen nicht mehr daran. Aber immer erwachte er in diesen ersten Tagen mit dem Gefühl einer Erinnerung, die ihm gerade verlorengegangen war.

Zum erstenmal hörte er die Stimme in der Nacht. Es war wenige Tage nach Neumond, und die schmale Sichel des zunehmenden Mondes gab nur wenig Licht. Wieder hatte ihn das Gebell der Hunde geweckt. Er verstand nicht, wie die Leute im Dorf bei diesem Lärm, der ihn ja nur von ferne und gedämpft erreichte, schlafen konnten. Luciano hatte nur die Achseln gezuckt und ›nicht so schlimm‹ gemurmelt. Es sei eben Jagdzeit, da seien die Hunde nervös und gierig. Und: Wir arbeiten am Tag, deshalb schlafen wir in der Nacht gut. Es war der nächste Morgen, als er den Turm zum erstenmal sah.

Er wunderte sich, daß er ihn nicht schon vorher gesehen hatte, aber nicht sehr. Es geschah oft, daß ihn seine Frau fragte, wie er dieses oder jenes gefunden habe, und er nicht wußte, wovon sie sprach.

An diesem Morgen kam er mit seiner Arbeit nicht voran. Der Kopf, so sagte er sich, braucht eine kleine Pause. Aber er wußte genau, daß er sich nicht konzentrieren konnte, weil er der Stimme nachlauschte. Eine Nachtigall, dachte er, natürlich, es war nur eine Nachtigall, die sich in der Jahreszeit vertan hat. Wer sonst könnte hier solche Töne hervorbringen? Vielleicht eine Besucherin aus einem der anderen Häuser, die in der Macchia versteckt lagen. Er hatte gedacht, daß schon alle leerstünden. Wenn er in der Dunkelheit in der Loggia saß und in das Tal blickte, bewegten sich die Scheinwerfer der Autos nur selten weiter als bis zu Lucianos Bar, keiner folgte der schmalen Straße über das Ende des Dorfes hinaus in die Hügel.

An einem Vormittag hatte er einmal einen Lastwagen nach San Lucia vorbeifahren hören. In dem verlassenen Dorf weiter oben am Hügel sollte eines der sechs alten Häuser renoviert werden. Leute aus Rom, hatte Luciano gesagt. Aber er hatte dort keine Menschen getroffen, alle Fensterläden waren verschlossen und die Stille so absolut wie auf dem Friedhof hinter den Zypressen auf der Hügelkuppe. Vielleicht gehörte die Stimme einer Sängerin, einer Sopranistin der römischen Oper, die nicht schlafen konnte und ihre Sehnsucht in einem Lied auflöste. Oder ihren Kummer. Er hatte Sehnsucht und Kummer nie auseinanderhalten können, weil er beide als bitter und süß zugleich empfand. Das Bild der Sängerin gefiel ihm. Bei Gelegenheit wollte er Luciano fragen, ob in einem der anderen Häuser ein später Gast eingezogen war.

Luciano zog wieder nur die Schultern hoch, schob ihm einen Grappa über den Tresen und sagte, er solle am Wochenende nicht zu weit in den Wald hineingehen. Überhaupt sei es in dieser Jahreszeit besser, die Macchia zu meiden, besonders nach Beginn der Dämmerung. Die Jagdzeit habe begonnen. Die Jäger, vor allem die aus Rom, hielten alles, was sich im Gebüsch bewege, für ein Wildschwein.

Er nickte. Er hatte die Männer mit ihren Gewehren und den aufgeregten Hunden schon gesehen. Er hatte in der Dämmerung ihre Schüsse gehört und die Fenster geschlossen.

Was ist das für ein Turm? fragte er den Wirt. Oben in den Hügeln? Luciano, der gerade seinen Tresen abgewischt hatte, ließ den Lappen langsam in den Eimer gleiten und begann, die Flaschen in dem Regal vor dem Spiegel zu sortieren.

Luciano, sagte der Mann, der Turm. Was ist das für ein Turm da oben?

Es gibt keinen Turm, sagte Luciano.

Der Mann lachte. Komm mit raus. Ich zeig' ihn dir!

Er stellte sein Grappaglas auf den Tisch und ging hinaus auf die Dorfstraße. Die führte ja gerade wie ein Lineal in die Hügel, der Turm mußte gut zu sehen sein. Aber er war weg. Vielleicht war die Straße doch nicht so gerade. Und sicher wurde das alte Gemäuer durch die Bäume verdeckt, vielleicht...

Luciano kann den Turm nicht sehen, flüsterte eine heisere Stimme hinter ihm. Er hatte die kleine Alte aus dem Haus mit den steinernen Löwen im Garten nicht herankommen hören. Alfreda hatten die Leute in der Bar zu ihr gesagt. Meistens: Alfreda, geh nach Hause. Und hinter ihrem Rücken hatten sie ihm, dem Gast aus der Fremde, mit sprechenden Gesten bedeutet, daß sie ein bißchen verrückt sei. Vor Jahren, so hatte er später erfahren, seien ihre Söhne verschwunden, ganz plötzlich über Nacht, zuerst der ältere, dann der jüngere. Nach Rom vielleicht, oder nach Turin? Keiner wußte wohin. Seitdem sei sie so. Nicht gefährlich oder bösartig, nur eben ein bißchen verrückt.

Niemand kann ihn sehen, flüsterte sie kichernd. Wenn du ihn sehen kannst, siehst du weit.

Trinken Sie einen Grappa mit mir, Signora Alfreda, bat er, und erzählen Sie mir von dem Turm.

Aber sie sah ihn nur aufmerksam mit ihren glitzernden schwarzen Augen an, dann hob sie den Zeigefinger ihrer mageren Hand, als lausche sie fernen Tönen, und verschwand hinter den Löwen in ihrem Garten.

Er ging zurück in die Bar. Luciano war nicht zu sehen.

Auch die beiden Männer, die an einem der hinteren Tische gesessen hatten, waren nicht mehr da.

Luciano, rief er, ich möchte zahlen.

Es dämmerte, und vom See zogen die Nebel herüber, die das Tal an diesen Herbstabenden bis zum Morgen einhüllten.

Luciano! rief er noch einmal. Schließlich legte er ein paar Geldscheine auf den Tresen, beschwerte sie mit dem Zuckertopf und ging.

Es war fast dunkel, als er das Haus erreichte, die Zikaden taten schon eifrig ihre Pflicht. Er lief die Außentreppe hinauf, öffnete die Tür und ging durch die Küche zum Fenster. Der Mond stand noch hinter den Hügeln, die Wälder lagen schwarz unter dem schon verblaßten Rot des Abendhimmels. Er sah den Turm deutlich. Ein letzter roter Schimmer lag matt auf den rauhen Steinen, die nun fast so dunkel waren wie der sterbende Tag.

In dieser Nacht schlief er schlecht. Wieder hörte er die Hunde, sie schienen näher als in den vergangenen Nächten, aber das hielt er für eine Einbildung. Sie waren ja in ihren Zwingern im Tal eingeschlossen. Als er das dritte Mal erwachte, wußte er, daß er auf die Stimme wartete. Aber er hörte sie nicht. Vielleicht hatte er doch zu tief geschlafen. In der ersten Morgendämmerung stand er auf. Es war kalt. Die Wärme des Tages reichte nicht mehr bis in die Nächte. Er zog einen dicken Pullover über, rührte Pulverkaffee in heißes Leitungswasser und setzte sich an den Küchentisch. Gewöhnlich konnte er gut arbeiten, wenn er so früh aufwachte, noch frei von den alltäglichen Ritualen und bevor sich die äußere Welt in seine inneren Bilder drängte. Aber seine Arbeit interessierte ihn an diesem Morgen nicht. Obwohl sein Körper noch müde war, fühlte er sich rastlos. Sein Geist wollte sich erinnern, aber woran?

Die hellen Lichter in der Küche machten die Fensterscheibe zu einer schwarzen, undurchsichtigen Grenze. Er wollte nicht hinaussehen. Er würde den Turm sehen, oder er würde den Turm nicht sehen. Er wußte nicht, was er mehr fürchtete.

Lächerlich, sagte er laut. Absolut lächerlich.

Er machte das Radio an, und die drängend vergnügte Stimme des Nachrichtensprechers gab ihm festen Boden. Dann tat er, was er immer tat, wenn die Gedanken in seinem Kopf zu bedrohlich wurden: Er griff nach einem Buch, um in eine andere Welt zu entkommen. Es gab viele Bücher in diesem Haus, aber die in der Mauernische neben dem Kamin hatte er bisher nicht beachtet. Reiseführer in deutscher und in italienischer Sprache, ein Kochbuch für umbrische Spezialitäten, ein Kunstführer durch die Renaissance – später, wenn er seine Ausflüge machen würde, hatte er in ihnen lesen wollen.

Nun griff er nach einem Führer durch Umbrien und suchte im Register unter V. Vernazzano war nicht aufgeführt. Auch in dem dicken Kunstführer fand er das Dorf nicht. Als er die Bücher zurückstellen wollte, spürte er Widerstand und entdeckte ein kleines Buch, das hinter die anderen gerutscht war. Es war alt, 1876 stand auf der ersten Seite unter dem Titel ›Estoria dei Castelli d'Umbria‹. Die Seiten des Buches waren aus dickem, weichem Papier, ihre bräunlich vergilbten Ränder brachen, als er mit von der Nachtkälte ungeschickten Fingern zu blättern begann. Diesmal brauchte er kein Register. Er fand Vernazzano sofort. Das altertümliche Italienisch machte Mühe, aber er verstand dennoch, was er las.

In sehr alter Zeit, so stand dort, ein Jahrhundert oder gar Jahrzehnt war nicht genannt, als die Ufer des Sees noch ein breiter Sumpf waren und bis an die Hügel reichten, als die Straße von Cortona nach Perugia noch durch die Macchia führte, stand bei Vernazzano eine Burg. Die Ritter, die dort Generation um Generation lebten, waren Vasallen ihrer Fürstbischöfe und hatten das Recht, Wegezoll zu erheben. Dann wurde einer Burgherr, dem die mageren Gebühren und das ruhige Leben als Mautner nicht genug waren. Wenn ihm die Ladung eines vorbeiziehenden Händlers besonders gut gefiel, blieb dem nichts als sein Leben. Pferde, Wagen und Ladung verschwanden hinter den Mauern der Burg. Die Leute beschwerten sich beim Fürstbischof. Aber den kümmerte die Räuberei nicht. Der Ritter von Vernazzano mochte ruhig ein paar Händler berauben, solange er nur treu die Grenze bewachte.

Dann kam jener Sommer (wieder fehlte die Jahreszahl), in dem eine gottlose Hitze selbst die Rebstöcke verdorren ließ. Wieder näherte sich ein Wagenzug der Burg, und diesmal machten die Vernazzaner ganz besondere Beute: ein Mädchen mit milchweißer Haut und Haaren in der Farbe halbreifer Brombeeren. In ihrem Geleitbrief stand, daß sie die Tochter eines Florentiner Gewürzhändlers und auf der Reise zu den Filippeschi in Orvieto war. Das Mädchen, sein Name war in dem Buch nicht genannt, wurde auf Befehl des Burgherren in das Turmzimmer gebracht. Dort sollte es bleiben, bis ein Bote mit dem Lösegeld aus Orvieto eintreffen würde. Das Mädchen litt keine Not. Das reich und bequem ausgestattete Zimmer hinter den dicken Mauern war selbst in der Hitze dieses mörderischen Sommers kühl. Der Burgherr ließ ihr die besten Speisen bringen und Kleider aus feinstem, mit Silber und glänzenden Bändern besticktem Leinen.

Am Abend, wenn der Himmel über dem See und den Hügeln sich rötete, stieg der Burgherr, ein junger Mann von rauher Schönheit, zu dem Mädchen in den Turm hinauf. Stets saß sie am Fenster und blickte hinaus in den

Abenddunst über dem See. Ihn sah sie niemals an, und immer blieb sie stumm. Ihre Magd fürchtete bald um das Leben ihrer Herrin, die mit solcher Kälte den Zorn des Burgherren erregen mußte. Aber der wurde nicht zornig. Er war längst von der seltsamen Schönheit der Fremden gefangen, und je weniger sie sich ihm zuwandte, um so mehr liebte er sie.

Tag um Tag, Woche um Woche verstrichen. Der Bote kam nicht zurück. Die Leute des Burgherren wunderten sich, daß er nicht einen zweiten Boten sandte. Vielleicht hatte der erste Orvieto nie erreicht, es gab genug hungrige Wölfe in der Macchia. Aber niemand wagte, ihn danach zu fragen. Ein fahrender Sänger, der eines Abends um ein Nachtlager bat, berichtete, daß in Orvieto Krieg herrsche. Wieder einmal stritten die mächtigsten Patrizier-Familien, die Monaldeschi und die Filippeschi, um die Vorherrschaft in der Stadt. Der Handel liege brach und selbst um ein Mädchen, das seit Wochen vergeblich erwartet werde, kümmere sich niemand. Es sei nun wohl nicht die Zeit, gestohlenen oder verlorengegangenen Weibern nachzujagen. Wenn sie eine Braut wäre, sicher, aber, so rede man in den Schenken, sie sei nur irgendeine florentinische Tochter linker Hand und werde von einem der Stadtherren als Sängerin erwartet. Was zähle schon eine Stimme, sei sie auch noch so engelrein und betörend, im Krieg um Macht und reiche Pfründe?

In dieser Nacht, es war bald nach Neumond im Oktober, und die Leute des Burgherren hatten im Hof ein Feuer gegen die Dunkelheit gemacht, befahl der Burgherr dem Fahrenden, unter dem Fenster des Turmes zu singen. Der nahm seine spanische Laute und spielte ein Lied, das der Burgherr noch nie gehört hatte. Eine eigentümliche Traurigkeit stieg in ihm auf, doch bevor er ein lustigeres Lied befehlen konnte, hörte er sie. Sie stand am Fenster des

Turmes, ihr Brombeerhaar glänzte im Widerschein der Flammen, und ihre Stimme flog durch die Nacht, süß und klar, betörend wie die Düfte von Nelken und Sandelholz.

Von nun an sang sie in jeder Nacht, und schließlich, es war kurz vor Vollmond, spürte der Burgherr, daß sie nicht für die Sterne sang, sondern auf ihre Weise zu ihm sprach. Als er das Turmzimmer betrat, wandte sie sich nicht mehr von ihm ab.

Der Morgen kroch schon silbrig über die Hügel, als die Leute auf der Burg von Vernazzano von einem feinen Grollen und Zittern geweckt wurden. Sie erhoben sich schnell und griffen nach ihren Waffen, aber die konnten ihnen diesmal nicht helfen. Das Erdbeben, eine dieser Erschütterungen der italienischen Hügelländer, wie es sie auch heute noch hin und wieder gibt, nur mit sehr viel schwächerer Kraft, vernichtete an diesem Morgen die Burg von Vernazzano. In Sekundenschnelle begrub das Schütteln der aufgebrachten Erdkruste alles, was in der Burg lebendig war, unter den einstürzenden Mauern.

Als es vorbei war, stand nur noch der Turm schaurig geneigt auf dem geborstenen Felsen in der Macchia.

Niemand weiß, ob der Burgherr und die Sängerin dem Tod entgingen. Ihre Körper wurden nicht gefunden, und niemand hat je wieder von ihnen gehört. Der Turm zerfiel im Laufe der Zeit unter dem Drängen der Winterstürme.

Es gibt Leute in dieser Region, stand zum Abschluß der Geschichte in dem alten Buch, die bis heute nicht glauben, daß sie entkommen sind. Denn manchmal, gewöhnlich in einer Herbstnacht und kurz vor Vollmond, so sagen sie, höre man noch das Singen des Mädchens mit den Haaren von der Farbe halbreifer Brombeeren. Reisenden, die heute den Turm von Vernazzano zu sehen glauben, werde empfohlen, den Ort schnell zu verlassen.

Der Mond stand fast voll über der Macchia, als der Mann in der nächsten Nacht erwachte. Die Hunde, dachte er, es sind nur die Hunde. Ihr Gebell schien ihm weit weg zu sein, dann wieder ganz nah, so als würde es von einem hastenden Wind mutwillig getrieben. Doch da war noch ein anderer Ton, leicht wie der Gesang einer fernen Nachtigall. Der Mann schloß die Fenster, aber die Stimme wurde immer klarer, er preßte seine Hände auf die Ohren, aber die Stimme kam immer näher, schwoll an und schmolz durch die Mauern, durch seine Hände, durch seinen Kopf und glitt durch seinen ganzen Leib wie ein silbriger Strom. Er sprang zur Tür, um sie fest zu verriegeln, aber er öffnete sie weit. Und dann begann er zu laufen. Die Treppe hinunter, durch das kalte Gras, über den steinigen Weg zur Straße und immer schneller hinein in die Macchia. Er spürte die reißenden Dornenbüsche, das Blut auf der schweißkalten Haut, das Hämmern seines Herzens, aber die Stimme, süß und sehnsuchtsvoll, betörend wie der Duft von Nelken und Sandelholz, zog ihn immer tiefer in die Macchia, er lief und sah nicht die Wölfe, die heulend mit ihm hetzten. Er lief und sah nur den Feuerschein, der sich im Burghof flackernd in die Nacht reckte, er fühlte das Beben der Felsen und sprang, sprang mit dem Wind und den Wölfen und sprang...

Wenige Wochen später betrat die Frau Lucianos Bar und fragte nach dem Weg zum Haus auf halber Höhe der Hügel in der Macchia und nach seinem Bewohner aus Deutschland. Es war ein trüber Tag, später November schon, im Tal und über dem See lag grauer Dunst, die Inseln ragten wie Schemen großer Schiffe aus dem unbewegten Wasser. Er sei wohl abgereist, sagte Luciano und zog die Schultern hoch. Man habe ihn lange nicht mehr gesehen. Aber er habe noch einen Schlüssel, den könne sie haben und selbst nachsehen. Alfreda stand in ihrem Garten hinter den steinernen Löwen und sah dem Auto hinterher, als die Frau die Straße in die Hügel hinauffuhr. Sie fand das Haus verlassen. Sein Auto stand nicht vor der Tür, und alle Zimmer waren sauber und aufgeräumt, als wäre er niemals hier gewesen.

Einige Jahre danach, sie hatte sich irgendwann an den Gedanken gewöhnt, daß er sie einfach verlassen hatte, machte sie auf der Durchreise nach Rom einen Abstecher nach Orvieto. Dort, so erzählte sie nach der Heimkehr dem Mann, mit dem sie nun lebte, habe sie für einen Moment geglaubt, ihn zu sehen. Er stand im Garten des Palazzo Filippeschi und erläuterte einer Gruppe deutscher Touristen die Architektur des Anwesens und die Geschichte der Familie. Er hatte ihr den Rücken zugewandt, aber seine Haltung, die Gesten seiner Hände, selbst der Klang seiner Stimme schienen ihr vertraut.

Als sie näher trat, drehte er sich um, und sie erkannte, daß er es nicht sein konnte. Dieser Mann, wohl irgendein Fremdenführer, war alt. Er hatte graues, fast weißes Haar, und sein Gesicht und seine Hände waren voller Narben. Vor allem aber brannte in seinen Augen ein Feuer, wie sie es nie zuvor gesehen hatte.

Katja Lange-Müller

Das Faktotum von Moabit

Bis es – am 19. Mai 1993, einen Tag nach Himmelfahrt – endlich abbrannte, bewohnte ich eine Art Kochstubenklo im vierten Stock vom Seitenflügel des Hinterhauses der Nummer 59 in der Emdener Straße, im Berliner Stadtteil Moabit, den die Ureinwohner dieser Region des Tiergartens, obwohl 2000 Jahre Christentum auch an ihnen nicht ganz spurlos vorbeigegangen sein dürften, einigermaßen liebevoll »Morbid« nennen. Alles an dieser dem Karstadt-Konzern gehörenden Bruchbude war mir reichlich zuwider: der alte, kackbraune Ofen, der selbst Steinkohlenbriketts eimerweise ohne Revanche verdaute, das Blicke allein auf den betonierten Hof gewährende, schlecht schließende Fenster, die morschen, unter den leisesten Schritten ächzenden Dielenbretter, die schon eine halb ausgetrunken umgekippte Colabüchse zu einem Haftpflichtversicherungsfall werden ließen, und auch mich, ihre beim unregelmäßigen Studium des Immobilienanzeigenteils der »Morgenpost« so permanent wie penetrant versagende Insassin.

Aus tiefstem Herzensgrund haßte ich aber den bereits erwähnten Betonhinterhof. Den okkupierte ein im Erdgeschoß des Vorderhauses – trotz vieler allseits bedürftiger und nicht unkühner Diebe unter uns Moabitern – zäh vor sich hin florierender Verbrauchermarkt der Kette »Kaiser« mit der Zeit ebenso unaufhaltsam wie jener mich. Meine ganze Sensibilität, mein gesamtes Interesse, all mein Wahrnehmungs-, Konzentrations- und Hingabevermögen zog dieser häßliche Hof mit aller Macht zu sich runter. Das gelang ihm – immer wieder und immer mehr – nicht allein dank der ab Mitternacht stündlich auf quietschenden Rädern in den hofseitig gelegenen Lieferanteneingang besagten Marktes einfahrenden Palettenstapel von Warenlieferungen und der zur Zeit der Morgendämmerung von wenig sorgsamen Getränkefritzen aus dem Laster gewuchteten, dabei gelegentlich mitsamt den Flaschen (voll ihrer zuvor ordentlich durchgemischten Inhalte) auf dem Beton zerberstenden Bierkisten, sondern vor allem wegen der beiden dort unten einfundamentierten Backenbrecher, denen ich eines schlaflosen Tages den romantischen Namen Indianerzerkleinerungsmaschinen gegeben hatte, obwohl ich mit meinem geistigen Auge hinter ihren gegenläufig malmenden Stahlzahnradkränzen eher kleine Kinder und tote Schäferhunde verschwinden sah.

Immer morgens gegen sieben Uhr, sowie eine erste der vierzehn diesem Laden dienenden Spitzenkräfte auf Arbeit erschienen war, schaltete die, noch ehe sie – ihres zivilen Ringelshirts sich zu entledigen – in den Umkleidekeller abtauchte, per Knopfdruck unsere Allesfresser ein, und herauf aus der Schlucht zwischen Vorderhaus, Gartenhäusern und Hinterhaus wehte jäh duales, langgezogenes Jaulen, als habe Rübezahl zwei gigantischen Wehrwölfen auf die Schwänze getreten. Das grub nicht nur jedweden von uns mehrheitlich arbeitslosen oder anderswie freischaffenden und ausnahmslos »Ohropax«-verstöpselten Hofumwohnern aus seinem zerwühlten Bette, sondern schlug auch die Kater, die wir uns, um möglichst viel Anästhesie bemüht, die Nächte über regelmäßig zuzogen – manchmal sogar in die Flucht. Etwa 15 Minuten später fielen die Dinger dann wieder zurück in ihre geläufige Spielweise: Knacken, Knirschen, Malmen. Mehrere Male habe ich versucht, meinen maschinenstürmerischen Anwandlungen nachzugeben, aber sowohl alte Fahrräder als auch märkische Hünengrabsteine zerschrotet ein rechter Backenbrecher mit rasenmäherhafter Eleganz.

Nun gut, so ging das einige Jahre; so oder so wohnten wir weiter, lernten – wie Sektenkinder – mit abgedichteten Ohren zu trinken und, möglicherweise aus nachahmungstriebhaften Gründen, ausdauernd laut mit den Zähnen zu knirschen, auch nachts, da wir Schlaf suchten, weil unsere schlimmsten Peiniger für die paar Stunden weg waren vom Netz.

Doch dann kam der Tag, der zweite Samstag im Monat August des Jahres 92 und letzte Arbeitstag einer heißen Stadtsommerwoche. Ich schaute gegen zwölf zur Uhr und freute mich darauf, daß die Indianerzerkleinerungsmaschinen in einer Stunde verstummen würden. Ganze sechsunddreißig Stunden unverstöpselter Abstinenz ohne Paletten und Bierkisten lagen vor mir wie ein junger, ausländischer Liebhaber auf einer Blumenwiese; und richtig, eine »Kaisersche« Spitzenkraft rollte pünktlich die Starkstromkabel zusammen.

Ich wollte gerade einen großen Schluck aus meiner Früchteteetasse nehmen, da kam es auf den Hof getapert, das *Faktotum von Moabit*: eine bemützte, graue, zerlumpte, mannartige Erscheinung, die ich gelegentlich hatte stehen und Schnäpse kippen sehen, in einer schließzeitlosen Wirtschaft namens »Humpen«. Mit einer Stimme, so spelunkenheiser, grobfeilenrauh, rostbrüchig, wie ich keine zuvor und auch seither nicht eine wieder gehört habe, unvorstellbar laut das Lied »Bomben auf England« und Wortfetzen wie »Wir haben euch nicht gerufen«, »rote Fixersocken«, »schlitzäugige, schwule Schweinebande« schreiend oder grölend, fiel das axtbewehrte Faktotum über Kisten voll zum Wegschmeißen bereitgestellten Gemüses her.

Ich verstand nicht im geringsten, was da lief. Jedenfalls ragte für einen Moment »Kaisers« rosig-weißer Filialleiter aus dem Lieferanteneingang, im folgenden erspähte ich ein Six-pack Pils nahe dem unablässig sein eines Lied sowie weitere wüste Beschimpfungen absondernden, Möhren, Blumenkohle, Selleries in einen Sack steckenden und dabei auch noch die Sperrholzkisten zertrümmernden Faktotums, das die aus mehreren aufgerissenen Fenstern erschallenden »Ruhe«-, »Schnauze«-, »Arschloch«-Rufe vollständig ignorierte.

Ich schrie nicht, ich begab mich, von einer seltsamen raubtierhaft-konzentrierten Ruhe erfaßt, mit einer großen, dickpelligen Plastiktüte zum Wasserhahn. Ich ließ die tatsächlich dichthaltende Tüte halb voll laufen, verknotete sie, suchte Deckung hinter dem Fenstersims, holte Schwung, schmiß und ging neben dem Klo in die Hocke. Ich hörte, wie die Wassertüte am Boden zerplatzte, und wußte, ich hatte nicht getroffen. Das bewirkte aber nur, daß mein so plötzlich und unerwartet ausgebrochenes Jagdfieber cholerisch hochging auf etwa 40 Grad. Meine Augen verengten sich zu Zielkimmen, und alle meine Muskeln spannten sich wie Abzughähne.

Ich federte zum Kühlschrank, öffnete wie in Trance dessen Tür, ergriff ein eiskaltes Drei-Liter-Schraubglas mit der Aufschrift »Schlesische Gurkenbombe«, das vom »Kaiserschen Verbrauchermarkt« herrührte, stellte mich seitlich hinter das Fenster, fixierte mein ganz unkooperativ umherhampelndes Ziel oder Opfer und ließ, einen kleinen, wohlkalkulierten Schwung nehmend, die Konserve fallen, genau in der Sekunde, da sich der Kopf des Faktotums für einen Moment direkt unter meinen Händen befand.

Hätte ich aus dem zweiten oder noch aus dem dritten Stock geworfen, die »Schlesische Gurkenbombe« wäre ein

Volltreffer geworden, doch so, aus dem vierten, war der Fallweg wohl um den Bruchteil einer Sekunde zu lang.

Das Faktotum von Moabit saß blutend inmitten der verstreut herumliegenden Gurkenscheiben auf dem Beton, zog sich einen großen Glassplitter aus dem rechten Bein und brüllte um Hilfe, die nicht kam. Ich saß auf den ächzenden Dielen meines Kochstubenklos und wartete auf die Polizei; die kam aber auch nicht.

Carmen Korn

Der Karton

Du fragst nach dem Karton. Du fragst zum drittenmal danach, und ich höre gern die Ungeduld in deiner Stimme, nicht die ganz normale, die meinen Unzulänglichkeiten gilt, eher eine in banger Erwartung. Ich fange gern den nervösen Blick auf, den du dem Karton gibst, der nun nach all den Jahren zum Objekt deiner Neugierde geworden ist. Ein flacher Karton, von dunklem Grau. Der Aufdruck des New Yorker Konfektionshauses, aus dem er kommt, ist in lichterem Grau gehalten. Der Zusatz MEN steht als einziges unter dem Namen Bergdorf Goodman, im gleichen lichten Grau gedruckt, doch ein anderer Schriftzug. Was hat der Karton elegant verpackt? Einen Morgenmantel für dich? Ein Stück Strick? Keine Ahnung. Ich weiß nicht mal, wie er zu mir gekommen ist. Er liegt seit Jahren an dem einzig sicheren Ort, den ich vor dir habe. Du scheinst ein Ehemann zu sein, der nie in den Wäscheschrank der Frau schaut, nicht in den der eigenen, kaum je in die ferne Ecke, in der die alten Zeiten in Form zu kleiner Höschen liegen.

Lieber Mann. Liebster. Wie ich dich liebe. Was ich für dich getan habe. Was ich für dich tue. Ich öffne den Karton für dich, dieses Gehäuse der Erinnerungen, deiner, meiner. Man muß seine Schätze preisgeben können. Und Geheimnisse. Es gibt solche Augenblicke, in denen die Schlacht das Hineinwerfen fordert.

Du hast den Karton entdeckt, denn du solltest ihn entdecken. Er lag als Köder da, nicht nur die drei Male, die du ihn gesehen und danach gefragt hast. Doch erst gestern wolltest du den Deckel heben. Ich kam dazu, und du kamst nicht dazu, es tatsächlich zu tun. Ich habe ihn dann wieder in den Schrank gestellt, wollte noch nicht, daß du weißt, solange ich nicht alles erledigt hatte. Doch jetzt leg dich hin. Laß dich in die Kissen sinken, die ich dir aufgeschüttelt habe, wie ich das ganze Leben lang schon aufschüttele, damit du gut gebettet bist.

Schwere Lider? Laß sie nicht fallen. Gleich höre ich auf, langweilig zu sein und gar viel von meiner Liebe zu sprechen. Gleich spreche ich von ganz anderer Leute Liebe und den Wegen, die sie geht. Gleich wirst du nicht nur nicht einschlafen wollen, du wirst gar keinen Schlaf mehr finden. Schenk dir nur von den Margaritas ein. Ich habe den Krug gefüllt. Einen Krug, den ich mit dir leeren will.

Dich hat nicht der Karton nervös gemacht, nur mein Getue um ihn? Ich weiß, du bist der Altärchen überdrüssig, die ich unserer Liebe baue. Doch hab keine Angst. Ich ziehe keine Locke hervor, die ich dir aus deinem dunklen Haar geschnitten habe, kein Fetzen vom Kleid, das ich an einem Tag trug, der für uns wichtig war, kein Kalenderblatt, keine trockene Rose. O ja. Ich habe diese kleinen Reliquien gebraucht, um noch an uns glauben zu können. All die Nächte, in denen ich schlaflos lag und dich herbeizulauschen hoffte, doch es war immer nur der Wind in den Bäumen, und dann sangen die Vögel ihr Dämmerungslied, und der Tag brach an, und du warst nicht da.

Was hätte ich tun sollen? Tage gab es, da fürchtete ich, ganz schrecklich unbeherrscht zu werden und dem freundlichen Menschen, der mir gegenübersaß, den heißen Tee ins Gesicht zu schütten, den er mir eben eingegossen hatte, und wenn ich davor doch noch zurückscheute, dann wenigstens in seine Sammlung von Glastieren zu springen. Ich fing an, außer meiner Kontrolle zu geraten, weil du mir verlorenzugehen schienst.

Ich sprang nicht. In keine Glasmenagerie und nicht vom Dach. Einmal warf ich eine Tüte, in der ich dein Butterhörnchen nach Hause getragen hatte, vier Stockwerke tief durch das sich windende Treppengeländer, und Stunden später, als ich an der zerknüllten Tüte vorbeikam, ließ ich sie einfach auf dem nackten Marmor liegen. Welch bestaunenswerte Anarchie? Wie schön, noch etwas zu wagen? Spotte du, Liebster, spotte du nur und schaue dir das Hörnchen an. Das arme harte Ding, das eine kleine Spur staubgleicher Krümel hinter sich herzieht, ist der Grundstein meiner Sammlung, ihr Auslöser gar.

An einem Tag im Frühling und nach einer Nacht, die du ohne mich verbracht hattest, kamst du nicht nach Hause, um dein Frühstück einzunehmen und ein frisches Hemd anzuziehen. Es war das erste Mal, daß es so weit kam, und ich litt sehr daran. Ich glaube an Rituale. Ich hänge an der Hoffnung, daß du bestimmte Dinge nur mit mir tun willst. Ich habe mich von dem Gedanken entfernt, daß die körperliche Liebe ein solches Ding sein könnte. Aber die Kenntnis von deiner Leidenschaft zu einer bestimmten Konfitüre aus schwarzen Johannisbeeren, die du mit gesalzener Butter zu deinem Hörnchen ißt, das Kennen all deiner kleinen Besonderheiten, ist das nicht ein festes Band?

Rituale sind so tröstlich. Selbst heute morgen, nachdem das Allerschrecklichste geschehen war, habe ich die sechs Tropfen Kürbiskernöl mit einem Eigelb verquirlt und sie dir noch vor deinem Aufstehen verabreicht. Habe mir die Feuchtigkeitscreme in die Haut geklopft und Puder und Rouge aufgetragen. Habe das Haar mit je ein Dutzend Bürstenstrichen nach vorn und dann nach hinten gekämmt. Das austerngraue Kleid angezogen, das du einmal aufregend fandest. Nur nicht verkommen jetzt, habe ich gedacht. Du hast von all dem nichts bemerkt. Nicht das

Zittern meiner Hand gesehen, als ich dir das Glas mit dem Eigelb reichte, nicht die Blässe unter dem Rouge. Du hast nichts ahnen wollen von dem Opfer, das ich dir in der Nacht zuvor gebracht habe.

Das hier gehört zu dem Hörnchen. Beim ersten Mal da war ich noch sorgfältig im Sammeln der Erinnerungen und habe sogar den Fahrschein für den Bus aufbewahrt, der mich vor die Tore unserer Stadt brachte. Das Datum ist kaum mehr erkennbar, du mußt dich nicht bemühen, das Stempelblau ist längst verwischt. Ich habe dir ja gesagt, es war ein Tag im Frühling, der, an dem du aufhörtest, zum Frühstück zu kommen, nach einer solchen Nacht. Du hast recht, es ist schon lange her, doch noch nicht so lange, daß es dir erlaubt ist, dich nicht zu erinnern.

Guck dir den Gürtel an, er ist der letzte Getreue dieser ersten Geschichte. Er ist aus Stoff. Gut, das siehst du, aber wußtest du, daß es Georgette ist? Feminin nennen sie die Kleider, die daraus genäht werden, und die Frauen, die sie tragen, sind zarte Frauen, denen man die schweren Taschen abnehmen sollte. Du findest in deinem Gedächtnis keinen Georgette, fliederfarben und voller Streublumen? Das Haar trug sie zu einem dicken Zopf geflochten, der sich an den Seiten löste, die Sonne fing sich gern darin, und dann leuchtete das Haar wie altes Messing. Sie und ich aßen Apfelkuchen. Aus den letzten Winteräpfeln, sagte die Frau im Gasthof, das mache den Geschmack reif und süß, doch wir fanden ihn eher mürbe und fade, und deine Kleine erzählte mir, du hättest ihr gerade Blumen geschickt, doch das wußte ich. Hatte ich ihren Namen nicht auf der Quittung gelesen, die ich in deiner Jacke aus leichtem Mohair fand, der für die Frühlingstage?

Laß mich nachschenken, Liebster. Die Margaritas tun dir gut. Der Saft der Limetten gibt einen klaren Kopf, und doch werden sich deine Gedanken weich wiegen und nicht länger eine gewetzte Klinge sein, das macht der Tequila und der Likör aus Bitterorangen. Woher haben wir den Krug? Ein Geschenk zu unserer Hochzeit. Hast du auch das vergessen? Im August stelle ich die kurzen Sonnenblumen hinein, und sonst hält er jedes Getränk wunderbar kühl. Das Hörnchen stört dich, was soll es auch auf der Bettdecke liegen. Warte, ich lege es wieder in den Karton, auch den Fahrschein und den Gürtel, an dessen Trägerin du dich nicht erinnern willst. Ich bitte dich, deine Hände wegzunehmen. Den Deckel hebe nur ich. Lehn dich zurück, Liebster. Sorge dich doch nicht, das nächste Teil ist ein ganz und gar unsentimentales. Du erkennst nicht, was es ist?

Kein Klumpen Stahlwolle. Es ist Roßhaar, Liebster. Du ahnst nicht, wie schrecklich die Bilder waren, die ich vor Augen hatte in jenen Nächten, nachdem ich euch beide zufällig gesehen hatte. Ihr stiegt in dein Auto, und ich stand ganz in der Nähe, und ein Korb voller Kohlrabi und Lauch hing mir im Arm, und ich zog mich schnell unter die Markise des Gemüseladens zurück. Du warst zärtlich zu ihr, du griffst ihr in das schwarze dicke Haar, du gabst ihr einen Kuß auf den Hals. Dann lag ich Nacht für Nacht allein in unserem Bett, doch in meine Träume drängtet ihr euch hinein, und deine dunklen Locken und ihr schwarzes dickes Haar verflochten sich ineinander, daß es schließlich aussah wie der herausquellende Inhalt einer aufgeschlitzten Matratze.

Ich habe in die Matratze gestochen, mit meinem allerfeinsten Küchenmesser. Natürlich war es kein Zufall, daß ich das Messer mit mir führte. Die Matratze stand auch nicht zufällig an die Wand gelehnt, gleich neben der offenen Wohnungstür der Schwarzhaarigen. Sie zog gerade aus und stand allein in der halbleeren Wohnung, einen Keramikbecher in der Hand, Kaffee trank sie und bot mir keinen an. Ich mochte sie nicht halb so gut leiden wie die mit dem blonden Zopf, obwohl sie ganz so aussah, als ob sie ihre Umzugskartons selber tragen könnte und nicht nur die Taschen. Auch sie hatte Blumen bekommen. Immer die gleichen bleichen Rosen für ganz unterschiedliche Damen. Der Strauß stand auf dem Herd, aus dem schon die losen Kabel hingen, in einem Eimer stand er, der Bast nicht durchgeschnitten, lieblos sah es aus.

Champagnerfarben, sagst du, champagnerfarbene Rosen. Du fängst an, dich zu erinnern? Oft kommt die Wahrheit ja leichter in einen betrunkenen Kopf als in den nüchternen, der die Kunst der Verdrängung besser beherrscht, und du scheinst doch angeschlagen zu sein, Liebster. Habe ich zuviel Tequila hineingetan, oder sind es meine Geschichtchen, die dir Mühe machen? Weg mit dem Klumpen Matratze, er soll dich nicht länger beunruhigen. Hier habe ich ein kleines weißes Plastikteil, und auf den ersten Blick sieht es beinahe aus wie einer der modischen Chips, die alles sein dürfen, eine Garderobenmarke oder die Dauerkarte fürs Freibad. Doch es ist ein Schwangerschaftstest, Liebster.

Die junge Frau hatte rote Flecken im Gesicht, als ich ihr hineinguckte. Aufregung, nehme ich an. Dabei war der Test negativ, ich sah es an der Art, wie sich der zarte blaue Streifen durch das Fensterchen in der Mitte des Chips zog, und sieh hier, du kannst es immer noch erkennen. Ich kenne mich aus mit Schwangerschaftstests, die negativ anzeigen. Ich kenne sie gar nicht anders, diese Meßgeräte der Menschwerdung, und wie habe ich mich gesehnt. Die Frau, die mit ihrem Chip fuchtelte, sehnte sich nicht, das sah ich sofort, und dennoch wollte sie mir weismachen, daß sie schwanger war. Vielleicht hoffte sie, daß die Gattin ihres Liebhabers die leere Zeit mit dem Häkeln von Jäckchen zustopfte. Übrigens war sie keine rothaarige Frau, obwohl das die Flecken in ihrem Gesicht erklärt und deine Sammlung bunt gemacht hätte. Sie hatte blondes Haar, das ganz unsensationell auf ihre Schultern fiel. Erinnerst du dich? Du bist ein Mann mit einem flexiblen Geschmack, Liebster.

Die Rose, von der ich jetzt weiß, daß sie einst champagnerfarben war, habe ich ihr aus dem Strauß gezupft. Sie hatte ihn kopfüber an ein seidenes Band gehängt, dabei war er noch frisch. Wahrscheinlich wäre sie gern deine Braut gewesen, darum der kleine Trug mit dem Test. Hat sie es bei dir auch versucht? Sie war ganz der Typ, der alle Lieder aus der Oper für Dienstmädchen kennt, deren Geschmack du mir oft unterstellst. Bestätige ich es doch gerade wieder. Hatte ich dir nicht versprochen, keine trockenen Rosen hervorzuholen?

Die vielen verlorenen Träumchen. Von uns allen, Liebster. Von mir und dir und deinen Schönen. Einige sind mir entgangen, nicht wahr, oder soll ich entkommen sagen? Hast du die drei, deren Andenken ich hier wahre, nicht vermißt?

Du weinst keiner eine Träne nach? Ist dir denn klar, was ihnen geschehen ist? Der messingblonde Zopf, ich sehe ihn immer noch durch das alte Laub schimmern, das die Frühlingsstürme noch nicht fortgeweht hatten. Um sie tat es mir leid. Sie war so vertrauensvoll. Glaubte daran, daß man sich mit der betrogenen Frau aussprechen sollte. Du schaust mich ungläubig an, Liebster. Hattest du einen anderen Eindruck von ihr? Doch, ich glaube wirklich, daß sie ihren Tod als gerechte Strafe genommen hat, darum hat sie sich kaum gewehrt. Ist den Abgrund fast hinuntergesprungen, und dann hörte ich das Genick. Der Abstieg war das schwierigste, ich hatte die falschen Schuhe an, und ich mußte doch das ganze feuchte Laub über sie decken.

Ich soll mit dem Schwachsinn aufhören? Liebster, du

unterschätzt mich. Der schwierigste Fall war deine roßhaarige Dame. Wäre nicht schon alles aus den Schränken geräumt und eingepackt gewesen, hätte sie wahrscheinlich ein Schießeisen in der Hand gehabt. Es hätte zu ihr gepaßt, so was in einer dunklen Ecke der Bronx anzuschaffen. Stammt vielleicht auch der graue Karton von ihr? Seidene Boxershorts? Trotzdem hatte sie keine Chance. Ich hatte das Küchenmesser. Dachtest du dabei an einen Kartoffelschäler? Es war mein bestes Tranchiergerät, Liebster.

Der kleinen Braut habe ich den Hals zugeschnürt. Mit dem dünnen Band, an dem die Rosen hingen. Die Kraft habe ich nicht? Hat keine Frau? Ich trinke auch noch ein Glas. Gleich ist der Krug leer. Ein volles Glas für mich, den Rest für dich. Du bist ein herzloser Kerl, kaum erschüttert, und jetzt drehst du dich auch noch so, daß du auf der trokkenen Rose zu liegen kommst. Gib sie her, ehe sie nur noch ein stachliger Stiel ist. Hier sind die Quittungen. Drei Rosensträuße. Es steht deutlich drauf, wohin sie auszuliefern sind. Namen, Adressen. Ich brauchte nur in deine Jakken zu greifen.

Gott ja. Ich weiß es und wußte es schon damals, daß es die Abschiedssträuße waren. Aus und vorbei. Du hast eine jede von ihnen abserviert, kurz bevor die Rächerin kam. Darum hast du keine von ihnen vermißt, und darum sind sie alle noch da. Ich habe keine getötet. Dafür standen sie mir nicht nahe genug.

Nein. Ich wußte nicht, daß du den messingblonden Zopf erst kürzlich gesehen hast an der Seite ihres Freundes. Ich freue mich, daß sie einen besseren gefunden hat. Und das Roßhaar ist tatsächlich in Amerika? Ich habe einen Riecher, das mußt du zugeben. Du weißt nichts von der kleinen Braut? Nun ja, ich habe mir nichts vorzuwerfen. Es wird ihr gutgehen.

Lächerlich, die Vorführung meiner Souvenirs, nicht

wahr? Du brauchtest keinen Augenblick lang erschrocken zu sein, all das hätte ich mir sparen können. Doch es ist ja noch etwas in dem Karton, Liebster. Schieb es mir herüber, das graue Ding, du wolltest es doch nicht etwa an dich nehmen? Bergdorf Goodman. MEN. Keine Frage.

Diese Weste, Liebster, gehörte einem Mann. Siehst du hier den ausgerissenen Stoff, da wo ein Halbgürtel saß, an festgenähten Knöpfen? Als hätte ich ihn noch festhalten wollen. Doch er ist in den Lichtschacht hinuntergestürzt. In unseren Lichtschacht, und nicht freiwillig. Er wollte mich, Liebster. Er war so fordernd auf einmal, und ich will doch nur dich. Er war mein Liebhaber, mein Tröster. Gestern abend stellte er mir ein Ultimatum, wollte dir alles sagen, wollte auf und davon mit mir. Welch ein Glück, daß du nicht zu Hause warst. Ich bin froh, und doch war es das allerschrecklichste, ihn stürzen zu sehen.

Steh auf, Liebster. Folge mir in die Kammer. Öffne das Fenster. Wie dunkel der Schacht ist, wie gut, daß das Haus so leer ist. Wir haben Zeit, ihn wegzuschaffen. Da siehst du ihn liegen. Ich wußte, daß du mir helfen würdest. Gleich, Liebster, gleich. Laß uns erst einmal hinuntergehen, in den Schacht. Eine aufregende Frau, ja, ich bin eine aufregende Frau. Dieses Geheimnis wird ein wunderbar festes Band zwischen uns sein.

Fanny Müller

Für den Mann, dem Sie immer schon mal sagen wollten …

… daß er auch nichts Besonderes ist

Es war einmal eine Frau, die lief an einem Sommerabend mit einer vollen Flasche Rotwein durch Hamburg-Altona.

Wie hatte es dazu kommen können?

Am Nachmittag hatte eine Dame auf ihren Anrufbeantworter gesprochen und mitgeteilt, daß sie jetzt die Heimlichtuerei satt, seit einem Jahr etwas mit Georg habe und entweder er, sie oder die Frau sich entscheiden müßten.

Die Frau, die Georg gut kannte, ging davon aus, daß es unwahrscheinlich sei, daß dieser sich für irgendwas oder irgendwen entscheiden würde, und beschloß, die Sache selbst in die Hand zu nehmen. Beziehungsweise die Flasche Rotwein, um sie auf seinem inzwischen nur noch mit schütterem Haar bedeckten Haupte auszuleeren, nachdem sie sie vorher darauf zerbrochen haben würde. Umbringen wollte sie ihn nicht, weil sie keine Lust hatte, die nächsten fünfzehn Jahre in einem Gefängnis zu verbringen, mit nichts als einem Fernseher und einem Gefangenen-Abo der taz an ihrer Seite. Dieser Plan war schon der zweite Plan, denn zuerst hatte sie daran gedacht, seine Wohnung systematisch zu zertrümmern. Da sie aber selbst darin wohnte, genauer gesagt, es war ganz eigentlich und auch juristisch ihre Wohnung, wußte sie schon, wer nachher würde aufräumen müssen. Das war kein guter Plan gewesen und sogleich verworfen worden.

So irrte die Frau durch Altona, konnte den Mann aber in keiner der Kneipen entdecken. Ein siebter Sinn oder vielleicht auch ein Anruf seiner Geliebten hatte ihn bewogen, sich zu verkrümeln. Anderntags war die Frau schon ruhiger geworden und beschloß, dem Rat von vier Freundinnen, mit denen sie ausgiebig telefoniert hatte, zu folgen. Einem Rat zu folgen, den sie selbst schon unzählige Male anderen gegeben hatte und der ihres Wissens noch nie von irgendeiner Frau beherzigt worden war: Sie schrieb ihm per Adresse seiner Mutter, daß sie ihm vorschlage, mit der Schnalle drei Wochen in Urlaub zu fahren, dann würde er schon sehen, was für ihn das beste bzw. wer für ihn die Beste sei. Und siehe da, so wendete sich alles zum Guten:

Ein halbes Jahr später war er mit der anderen verheiratet, zeugte zwei Kinder, und sein Haar wurde immer schütterer.

Die Frau aber wurde glücklich mit einem Mann, den sie noch während der Suche nach dem Ungetreuen in einem Lokal kennengelernt und mit dem sie im Laufe des Abends die Flasche, und dann noch eine zweite, zusammen geleert hatte.

Noch heute würde sie glücklich und froh mit ihm leben, wenn nicht eines Tages eine Dame auf ihren Anrufbeantworter gesprochen und gesagt hätte, sie habe es jetzt satt... Da ging die Frau hin und zertrümmerte systematisch seine Wohnung. Diesmal hatte sie darauf geachtet, daß er nicht bei ihr eingezogen war.

Und siehe da: Während dieser Aktion lernte sie einen sehr netten Nachbarn des Mannes kennen, der ihr bei den schweren Möbeln seine Unterstützung sowie seine

Black & Decker anbot. Mit ihm lebte sie glücklich bis an ihrer beider Ende, denn sie hatte ihren Anrufbeantworter der Telekom zurückgegeben.

... daß Sie mit ihm nur das kleinere Übel gewählt haben

Es war einmal eine Frau, die lief an einem Sommerabend mit einem Kosmetikköfferchen in der Hand durch Hamburg-Altona.

Wic hatte es dazu kommen können?

Während des Abendbrots hatte sie ihrem Mann erzählt, was heute im Büro los gewesen war. Ein Bericht, den sie bereits vorher ihrer besten Freundin per Telefon übermittelt hatte, welche wiederum die passenden Ausrufe – »So ein Arschloch!« – und die passenden Geräusche – »Ts-ts-ts« – produziert hatte.

Da die Frau noch jung und zudem jungverheiratet war, glaubte sie, von ihrem Gatten ähnlichen Trost erwarten zu können. Doch weit gefehlt! Auf rätselhafte Weise und in erstaunlich kurzer Zeit hatte ihr Gespräch sich in eine Vorlesung verwandelt, wobei sie die Zuhörerin war. Heiratete man etwa, um sich sagen zu lassen, daß man unklug gehandelt und gesprochen und daß der Chef an sich doch ein ganz kommoder Kerl sei? Was man, nebenbei gesagt, selber wußte? Nein und abermals nein!

Sie hatte widersprochen, daraufhin waren seinerseits die Begriffe Unvernunft, Unlogik und Emotionalität gefallen. Emotionalität konnte sie sich natürlich nicht bieten lassen;

aus der Küche rauschen, nicht ohne die Tür zuzuschlagen, und dann ihr Köfferchen zu ergreifen, waren eins.

Was tun? Auf der Straße war sie zum Glück gleich Fred in die Arme gelaufen, der sie in eine Kneipe zog, sie mit einigen Kognaks traktierte und anschließend das Hohelied auf seinen Kumpel, ihren Mann, anstimmte. Ein Dritter, ihr Unbekannter, der mit am Tisch saß, griff in das Gespräch ein und wies darauf hin, daß ihr, als Frau, doch ganz andere Mittel zur Verfügung stünden, um ihren Chef... Sie packte ihr Köfferchen und ließ die Herren in angeregter Diskussion über Situationen zurück, in denen sie sich geradezu überirdisch klug gegenüber ihren respektiven Vorgesetzten verhalten und ausnahmslos als Sieger die Arena verlassen hatten.

Der Bruder der jungen Frau war auch keine große Hilfe. Sie traf ihn biertrinkend an seinem Küchentisch sitzend an. Der Vortrag ihres Bruders, der nur leicht durch den Genuß weiterer Biere beeinträchtigt war, handelte im großen und ganzen von den durch die Jahrhunderte bewährten Tugenden von Frauen, als da sind: Einfühlsamkeit, Zurückhaltung und Aufgeschlossenheit gegenüber Vorhaltungen von Personen, die es einfach besser wissen. Das hätte auch von ihrem Vater kommen können, deshalb verzichtete die junge Frau auf einen Besuch bei diesem und kehrte gegen Mitternacht nach Hause zurück.

Ihr Mann hatte schon alles vergessen, weil er sich ein Länderspiel angesehen hatte. »Schatz, du siehst schlecht aus«, sagte er und küßte sie auf die Stirn, »weißt du was? Du kannst doch gut mit deinem Chef – nimm dir Freitag frei und wir fahren auf's Land!« »Aber...«, begann sie, besann sich aber eines besseren und antwortete: »Gute Idee.« Und so lebte sie mit ihm glücklich bis an ihrer beider Ende, denn von Stund an erörterte sie geschäftliche Angelegenheiten nur noch mit ihrer besten Freundin.

... daß man ihn auch einmal beim Wort nehmen könnte

Es war einmal eine Frau, die lief an einem schönen Sommerabend mit einer Aktentasche voller Fotoalben durch Hamburg-Altona.

Wie hatte es dazu kommen können?

Nachdem am Mittag beide Kinder zu einer Klassenfahrt aufgebrochen waren, hatte sie abends ihrem Mann nach langem Zögern endlich offenbart, daß sie sich in einen anderen Mann verliebt habe und ihn verlassen wolle. Nach einigem Toben, Brüllen und Mit-Sachen-um-sich-werfen – allerdings hatte er darauf geachtet, daß sein Computer davon nicht in Mitleidenschaft gezogen wurde – war schließlich sein letztes Wort gewesen: »Die Kinder bleiben natürlich bei mir!« Da warf sie die Alben in eine Tasche und lief aus dem Hause.

Auf dem Weg zu ihrem Freund machte sie in einem Gartenlokal halt, bestellte sich ein Glas Wein und breitete die Alben vor sich aus. Der Jüngste bei der Einschulung! Er zog eine Grimasse, und sein rechtes Bein stak in einem Gipsverband, weil er im Kindergarten von einem Schrank gesprungen war, um zu beweisen, daß er genausogut wie Batman sei. Neben ihm stand seine Lehrerin. Dieselbe Lehrerin, die jede Woche mindestens zweimal bei ihr anrief, meist nach 22 Uhr, um ihr mitzuteilen, was ihr Sohn wieder angestellt hatte. In der letzten Woche hatte er versucht, die Turnhalle abzufackeln.

Da, die Große, an ihrem 14. Geburtstag! Wie immer in Tiefschwarz gekleidet, einen Ring in der Nase und mürrisch von der Kamera weg in ihr, der Mutter, unbekannte und vermutlich grauenhafte Fernen blickend. Ihre Hände waren mit Ringen bedeckt, deren Form und Größe es nicht erlaubten, auch nur die allerkleinste Handreichung im Haushalt auszuführen..

Die Frau bestellte noch ein Glas Wein, packte die Alben zusammen und saß eine Weile in Gedanken versunken da. Dann erhob sie sich, rief ein Taxi und fuhr zurück nach Hause. Ihr Mann war ausgegangen, deshalb gab sie in seinen Computer ein: »Die Kinder bleiben natürlich bei Dir«, packte sorgfältig einige Koffer mit ihren persönlichen Dingen, verließ das Haus und wohnte von diesem Tag an bei ihrem Freund.

Mit ihm lebte sie herrlich und in Freuden, wenn auch mehr und mehr ungehalten darüber, daß er jede freie Minute an seinem Computer verbrachte. Bis eines schönen Tages seine geschiedene Frau zwei halbwüchsige Kinder bei ihm ablieferte mit der Erklärung, sie habe die Schnauze voll und jetzt sei er mal dran. Bei dieser Gelegenheit kam die Frau mit der Geschiedenen ins Gespräch, und kaum drei Wochen später war sie bei dieser eingezogen. An den Besuchswochenenden führten sie gemeinsam die Kinder in Eiscafés, auf Schlittschuhbahnen und in Rockkonzerte, und von nun an wurde allüberall von den Kindern ihr Lob als »beste Mütter der Welt« gesungen. So lebten sie glücklich und zufrieden bis ans Ende ihrer Tage, und wenn sie nicht gestorben sind, dann geht es ihnen superprima für und für.

Helke Sander

Der neue Bekannte als moralisches Problem

Eine Frau, fünfundvierzig, nennen wir sie Renate, mit glatter Haut und strammen Formen, die geradezu danach schreien, in die Hand genommen, gewogen und begriffen zu werden, findet einen neuen Freund. Das spricht sich herum und stößt auf allgemeines Interesse und Wohlwollen im Bekanntenkreis. Der Mann wird der Frau gegönnt.

Wie ist er denn so? fragt eine Bekannte, die wir Susanne nennen, eine andere Bekannte, die Manuela heißen soll.

Manuela zögert mit der Antwort. Dann sagt sie:

Na ja, ganz nett.

Pause.

Vielleicht nicht besonders zuverlässig.

Der Klartext wird von der anderen sofort verstanden. Er heißt: Der Mann ist ein Kotzbrocken, wir werden noch mehr von ihm hören, als uns lieb sein dürfte, Renate sollte lieber aufpassen und sich vor ihm in acht nehmen, aber das wird sie natürlich nicht tun, und wir werden ihn ihr zuliebe nicht Kotzbrocken nennen.

Mit einem kurzen Blick, einem angedeuteten kleinsten Lächeln – unter der Grenze der Komplizenschaft und im Ernstfall abstreibar – vergewissern die beiden Frauen sich, daß sie verstanden haben, worüber hier gesprochen wird. Verletzende Worte sollen vermieden werden. Man gönnt

Renate ja das Glück. Aber leider sieht man schon das Ende, und vor dem Ende die Komplikationen, denen möglicherweise auch sie Abende werden widmen müssen, um Renate wieder aufzubauen. Sie sehen gewissermaßen schon jetzt Renates noch ungeweinte Tränen. Weder Susanne noch Manuela sind Klatschbasen, außerdem sind sie keine intimen Freundinnen von Renate, also vertiefen sie diese Angelegenheit nicht weiter, wissen aber, daß sich über kurz oder lang Neuigkeiten dazu ergeben werden. Manuela wird das, was sie über den neuen Bekannten denkt, natürlich nicht Renate sagen. Würde Renate sie fragen:

Wie findest du ihn denn?, würde Manuela sie anlächeln, weil sie an Renates gierigen Augen sähe, sie möchte, sie, Manuela finde ihn gut, und sie würde sagen:

Ja, nett.

Und würde Aufrichtigkeit in die Stimme legen. Wäre dieser neue Bekannte keine Person, sondern beispielsweise eine Wohnung, die nur ihr bekannte Macken hat, oder ein altes Auto, würde sie selbstverständlich auf die Vorbehalte und Auffälligkeiten hinweisen. Es wäre dann am Gegenüber, mit diesen Aussagen etwas anfangen zu können oder auch nicht. Bei Herzensangelegenheiten ist das aber schlechter Stil, und auch bei Wohnungen und Autos wissen die Leute, daß sie mit Schäden zu rechnen haben – und nehmen sie trotzdem.

Renate, die jetzt im warmen Bett mit dem zukünftigen Troublemaker zusammenliegt, würde eine solche Warnung auch als unzumutbare Einmischung in ihr Privatleben ablehnen, als indiskret und unverständlich, weil völlig abstrakt. Zwar hat sie sich durchaus in Liebesangelegenheiten schon Rat eingeholt, aber ausgerechnet bei diesem Mann spürt sie keinen Grund dazu. Wenn sich gerade die Haut berührt und der fremde Geruch angenehm in die Nase steigt, wie soll da eine miesepetrige Bemerkung, daß dieser nahe Geliebte ihr verborgene, anderen aber in die Augen stechende unangenehme Seiten hat, überhaupt in ihrem Bewußtsein ankommen? Und wer sagt außerdem, daß ein Liebespartner sympathisch sein muß? Würde ihr jemand diskrete Hinweise geben, dann hörte sie gar nicht richtig hin, weil gar nicht von der Person die Rede wäre, die sie gerade wieder erleben läßt, wie sich die Härchen bei der Berührung aufstellen, wie der Ton sich löst aus dem Brustkorb und aufsteigt, wenn sich bei ihm alle Säfte zusammenziehen, so daß die Vibrationen seines aufsteigenden Tons an der eigenen Brust zu spüren sind.

Sie würde diese lange nicht gespürten Sensationen nicht stören lassen, sondern sichern wollen. Daß sie immer noch aufpassen sollte, nun nicht mehr davor, schwanger zu werden, sondern davor, sich lächerlich zu machen oder belogen zu werden, das würde sie nicht hören wollen, und das alles antizipiert, ohne überhaupt darüber nachzudenken, die jüngere, nach dem Mann ausgefragte Manuela, während sie zu Susanne sagt:

Na ja, ganz nett.

Bei einem offiziellen Anlaß ergibt sich die Gelegenheit, daß Renate, die mit ihrem neuen Bekannten strahlend schön und mit der Sicherheit gut durchgevögelter Frauen in einer Runde steht, Susanne – die die Kurzanalyse von Manuela noch im Kopf hat – den neuen Mann vorstellt und dabei unauffällig, aber gespannt belauert, wie er bei ihr ankommt. Denn er gehört jetzt dazu. Er gehört jetzt zu ihr. Das bei anderen immer etwas zweifelhaft wirkende und an die dazugehörigen Kompromisse erinnernde Wunder ist geschehen: Ein neuformiertes Paar kann auch tagsüber und außerhalb des Bettes etwas miteinander anfangen und schreibt sich nun als soziale Einheit ganz bewußt in das Gedächtnis der Mitmenschen ein, wozu es Gelegenheiten, wie zum Beispiel diese, sucht. Renate ist sexuell wieder im Geschäft und stolz, und die anderen haben sich an ihn zu gewöhnen, aber natürlich nicht zu sehr, denn da ist auch ein Hauch von Furcht und Eifersucht gegenüber den weiblichen Bekannten.

Hundertprozentig richtig eingeschätzt, Manuela, denkt Susanne nach den ersten Sekunden, in denen sie freundlich Shakehands machen und ein paar Worte über die Veranstaltung wechseln, auf der sie sich befinden. Denn schon während der Begrüßung betrügt der Mann Renate mit Susanne. Er führt sich als jemand ein, der sexuell zu haben ist. Bei Susanne ist im Lauf der Jahre auch schon einiges zusammengekommen, und darum weiß sie auf Anhieb – als Profi –, daß sie, wenn sie nur das geringste Zeichen geben würde, sofort und ohne ein weiteres Wort zu wechseln, mit diesem Mann in einem der Nebenräume verschwinden könnte, um dort mit ihm Sex zu haben. »Taxi zum Klo« fällt ihr ein, dieser Film aus der schwulen Subkultur, in dem einander völlig unbekannte Männer es durch ein Loch in der Sperrholzwand zwischen zwei Toiletten miteinander treiben. Heterosexuell gelten aber andere Zeichen. Da muß zur kommenden Luststeigerung Charme versprüht werden, da müssen Witze gerissen werden, da müssen Andeutungen fallen, solche mit Wörtern oder ohne, die auf Lust Lust machen. Da läßt er die Muskeln spielen, oder sie zeigt den Ausschnitt, da sieht man ein Fältchen im Mundwinkel und schaut darauf, und der oder die spürt in diesem Augenblick genau, daß sich der oder die gerade darüber Gedanken macht, wie und mit welchen Körperteilen diese Fältchen am besten zu belegen wären. Und wenn sie sich anschauen, wissen sie genau das voneinander.

Dieser Mann da, dieser neue Bekannte, der posaunt jeder Frau entgegen, daß er sofort zu haben sei, oder besser, daß er jede Frau sofort haben wolle. Sofort und ohne ein Wort vorher – und vermutlich auch nachher. Ein Fossil von Mann, nicht nur wahrscheinlich, sondern tatsächlich aus dem Osten, der früheren Sowjetunion, noch völlig frei von dem Wissen, das im Westen inzwischen zur Standardpsychologie von Hinz und Kunz oder eher von Lieschen und Gretchen gehört, daß ein derartiges Verhalten in Wirklichkeit von Minderwertigkeitsgefühlen, Großsprecherei und unbekümmertem Machotum zeuge.

Susanne weiß also Sekunden nach der Vorstellung, daß sie es hier mit einem Verräter zu tun hat, der darauf baut, daß seine Botschaften von den Frauen verstanden werden, und der es für selbstverständlich hält, daß eine von ihm beachtete Frau diese Botschaft einer anderen von ihm beachteten Frau vorenthält und komplizenhaft auf seiner Seite ist. Er baut darauf, daß er ein Los ist, das Gewinn verspricht. Er ist es nicht gewöhnt, daß der Gewinn zurückgewiesen wird. Was er nicht weiß, ist, daß über Männer wie ihn seit Jahren schon Analysen vorliegen und Frauen diese entweder selbst verfaßt oder zumindest gelesen haben. Die Fäden, die er zieht, gehen von ihm zur Frau, irgendeiner Frau, jeder Frau. Ein Museumsstück, prinzipiell auch der fünfundvierzigjährigen Renate bekannt, aber in diesem Fall noch nicht ein- oder zugeordnet. Er kann sich höchstwahrscheinlich nicht einmal vorstellen, daß eine Frau eine andere Frau seinetwegen nicht verrät.

Weil er aber der neue Freund ist, der neue Bekannte, wie Renate sagt, bleibt Susanne höflich und konventionell und unterdrückt ihr Gefühl, es hier mit einem ausgemachten

Idioten und Dinosaurier zu tun zu haben. Mehr noch: Sie hofft, sich zu irren, weil sie Renate den Freund und die wiederbelebten Erfahrungen mit den Härchen, den Tönen usw. gönnt, die sie so lange vermißt hat. Die Tatsache, daß er der neue Freund ist, wird auf der konventionellen Oberfläche mit einem kleinen Scherzwort laut ausgesprochen.

Ich bin schon im Bilde. Endlich haben wir uns kennengelernt. Wir werden uns nun öfter sehen.

Ja, hoffentlich.

Aber da, wo die Instinkte regieren, sagt Susanne stumm zu dem neuen Mann: Du miese Ratte.

Natürlich ist das alles gedämpft und ohne viel Gefühl. Renate ist nicht ihre beste Freundin. Da steht halt der neue Freund von X, der offen signalisiert, daß er auch mit ihr und zwar sofort, der aber – und das sei eher am Rande bemerkt – überhaupt nicht ihr Typ ist und bei dem es darum auch nichts kostet, solidarisch mit Renate zu sein. Es erhebt sich ganz kurz die theoretische Frage, ob dieses solidarische Verhalten bei einem Mann, der das eigene Begehren wecken würde, schwerfiele. Gäbe es das schnelle Einverständnis über den Betrug auf Kosten der gemeinsamen Freundin, wenn er ihr gefiele? Das ist natürlich auch schon vorgekommen und war dann ein offenes Problem mit der Freundin, aber kein Geheimnis zwischen ihr und dem Mann. Weitere Frage: Könnte ihr Begehren überhaupt noch von einem solchen Dreckskerl geweckt werden, dessen Bekanntschaft in der ersten Sekunde einen Betrug miterleben läßt?

Renate versucht, ihr Mißtrauen zu unterdrücken. Wenn auch aufs äußerste unterkühlt, die Spannung ist da. Daß Renate mißtrauisch ist, ihr flirrendes und gleichzeitig verstecktes Beobachten des Verhaltens anderer Frauen zu ihrem neuen Geliebten, das ist ziemlich deutlich. Sie spürt die Gefahr, kann sich aber die Frechheit, die sich vor ihren eigenen Augen, in ihrem Beisein, abspielt, nicht vorstellen. Sie kann sich blöderweise und gegen jede Erfahrung nicht vorstellen, daß er, dessen Härchen und Töne sie noch vor Stunden studiert hat, sie verrät. Die Gefahr, die in der Luft liegt, muß daher von anderen Frauen kommen. Gleichzeitig mißtraut sie ihrem diffusen Mißtrauen und schämt sich dessen. In ihrem Kopf bildet sich das Wort Mißtrauen nicht. Nur ihre Augen beobachten andere Frauen, besonders Susanne, die nun betont formell-höflich ihren neuen Geliebten willkommen heißt und ebenso formell und harmlos von ihm begrüßt wird.

Eines Tages erzählt Renate Susanne, daß sie zusammenziehen werden, der Geliebte und sie.

Ach du liebe Zeit, denkt Susanne kurz.

Und sagt das Äußerste, was man in solchen Fällen sagen kann:

Hast du es dir denn gut überlegt, traust du dir das zu?

Ja, sagt Renate. Es sei wirklich ernst. Abgesehen vom Bett sei es auch schön, sich mal wieder mit einem erwachsenen Mann zu unterhalten. Er trage immer noch diese Reminiszenz an eine Elvis-Tolle, ob Susanne das aufgefallen sei? Sie teilten Nachkriegserinnerungen. Er habe nie reden können und sei so froh, daß er das mit ihr endlich könne. Sie bringe ihm praktisch das Reden bei. Er sei das nicht gewohnt, eine Frau wie sie. Sie sei eine völlig neue Erfahrung für ihn. Und, entschuldige bitte, jetzt müsse sie zum Makler, sie hätten eine Wohnung in Aussicht, ja, mehr als das, sie würden heute den Mietvertrag gemeinsam unterschreiben. Die Wohnung sei gut geschnitten, die könnten sie gut zusammen bewohnen, jeder hätte dort seinen eigenen Ort, aber sie seien trotzdem zusammen. Er gehe oft abends noch in Kneipen. Sie gehe nicht mit, sie habe einen anderen Rhythmus und müsse immer früh aufstehen. Deswegen wollen sie ja zusammenziehen, denn bei diesen verschiedenen Rhythmen sähen sie sich sonst kaum.

Das mit dem Rhythmus kenne ich, denkt Susanne beklommen. Keine kleine Sache, eine eigene Wohnung aufzugeben, um mit einem Mann, der einen anderen Rhythmus hat, zusammenzuziehen.

Nach ein paar Wochen sprechen sie wieder zusammen. Susanne kündigt ihren Besuch bei Renate an.

Wie geht es denn, zusammen in der neuen Wohnung? will sie wissen.

Oh, wir sind nicht zusammengezogen, sagt Renate.

Bevor sie zum Makler gingen, kurz nachdem sie und Susanne sich neulich getrennt hätten, sei herausgekommen, daß der Mann sie dauernd betrüge. Das sei ein Schock gewesen, und dann war erst mal Sendepause. Jetzt redeten sie zwar wieder, und er habe auch Besserung gelobt und gesagt, es tue ihm aufrichtig leid, es sei die Vergangenheit und der Rückfall in Verhaltensweisen, die er eigentlich verabscheue usw. Es gehe auch weiter mit dem Verhältnis, aber zusammenziehen, nein, das sei vorerst nicht drin.

Weitere Wochen später ist es dann ganz aus, weil es mit der Besserung nicht geklappt hat. Er treibe sich nach wie vor herum.

Und jetzt hasse ich ihn, sagt Renate. Sie würde hassen, wie nur eine Frau hassen könne.

Renate ist tief verletzt über die Lügen, bewahrt aber Fassung. Susanne erfährt das eher beiläufig und unterkühlt, wie das heute üblich ist und auch dem Alter einer erfahrenen Frau entspricht, die nichts so leicht aus den Pantinen hauen kann. Ihr ist nicht anzumerken, ob sie nachts heult, säuft, qualmt, ins Kissen beißt. Sie machen Witze darüber, daß die wirklich traurigen Gestalten heute die heterosexuellen Frauen über vierzig seien, deren Begehren sich auf Männer richte, die sie mit dem Kopf nicht mehr ertragen könnten. Das seien die wirklich diskriminierten sexuellen Minderheiten – eigentlich schon Mehrheiten –, und nicht etwa Schwule, Lesben, Trans- oder Hydrosexuelle... Deren Probleme seien dagegen Peanuts...

Susanne findet diese Geschichte beunruhigend. Es sind gerade Wahlen, und das Wort *Glück* hat Konjunktur. Welche Partei würde für einen besseren Ausgang dieser Geschichte kämpfen? Wäre der Ausgang dieser Geschichte ein glücklicher, wenn Renate nichts von den Eskapaden des neuen Freundes gemerkt hätte? War er einfach zu dußlig? Ist sie seiner Blödheit wegen unglücklich? Würde sie ganz zufrieden für die Miete in der geteilten Wohnung arbeiten, wenn er es nur geschickter angestellt hätte? Oder wäre der Ausgang nur glücklich, wenn er keinen anderen Rhythmus hätte und nicht aus ihrer Kontrolle geriete?

Eine Geschichte, sagt Susanne zu Manuela, als sie dieses neueste Ereignis besprechen, wie die berühmte Bombe aus dem Zweiten Weltkrieg. Hätte niemand an dieser Stelle herumgebuddelt und unbedingt neue Keller ausheben müssen oder die Idee gehabt, zusammenziehen zu wollen, hätte sie friedlich, wenn auch latent scharf, noch hundert Jahre unbemerkt im Boden liegen können. Und würde sich in hundert Jahren herausstellen, daß der Mann die Frau die ganze Zeit betrogen hat, weil irgendein Ururenkel zufällig auf derartige Dokumente stößt, wäre es höchstens soziologisch interessant, aber die Beteiligten wären vielleicht glücklich gestorben. Aber kommt es jetzt heraus, dann müssen gewissermaßen ganze Stadtteile evakuiert werden. Renate wird sich fragen, ob sie ihren Freunden noch trauen kann, ob alle, nur sie nicht, davon wußten.

Ich hätte mich doch lächerlich gemacht, hätte ich nach der ersten Begrüßung gesagt: Hör mal zu, dein neuer Freund ist ein Dreckskerl, er wollte mit mir gleich in den Nebenraum, sagt Susanne.

Er hätte natürlich über Renate von dieser Bemerkung erfahren und gesagt:

Die hat's gerade nötig, neurotischer Sexmangel, sagt Manuela.

Und Renate hätte zugestimmt und sich meinetwegen geschämt, bestätigt Susanne. Ich hätte Renate ja nicht beweisen können, daß er mich vom ersten Moment an zu seiner Komplizin machen wollte.

Man wollte ihr das Verhältnis ja nicht vermiesen, solange sie noch was davon hatte, sagt Manuela realistisch.

Und bei verschiedenen Zigaretten und mehreren Gläsern Wein, allen möglichen Abschweifungen und einigen theoretischen Exkursen formulieren Manuela und Susanne, was Renate hätte sagen können, wäre sie von ihren Beobachterinnen gewarnt worden:

Was mich interessiert, sind die Töne und die Härchen, hätte sie gesagt, wenn ihr versteht, was ich meine. Um die zu kriegen, muß ich in diesem Alter die Wohnung und die Miete teilen. (Oder die Wohnung teilen und die Miete ganz bezahlen.) Das gilt für die nächsten überschaubaren paar Jahre, bevor er mit meiner oder einer eurer jungen Nichten ein Kind zeugt, wovon bei Männern dieses Alters auszugehen ist. Wir nennen es ›anderer Rhythmus‹, aber wie der bei ihm aussieht, wenn er nachts das Haus verläßt, das will ich gar nicht so genau wissen. Denn, meine Liebe, du siehst es an dir, mach dir nichts vor, ich meine jetzt dich, Susanne, wir wiederholen uns: Die eigentlich tragischen Gestalten, auf die alles nicht zutrifft, was die extra für dich herausgegebenen Frauenzeitschriften dir erzählen, das sind die heterosexuellen Frauen um die Fünfzig. Das ist die Kehrseite der längeren Lebenserwartung, wenn ich mal einen Witz machen darf. Egal, welche Creme du benutzt, für die Arterhaltung bist du inzwischen uninteressant, und das kann man riechen. Und wenn er dir nicht wegrennt, muß man vermuten, daß du einen sagenhaften Schluffen am Hals hast, um den du auch nicht zu beneiden wärst. Aber nett, daß ihr mich im Auge behalten habt. Ich wäre euch angesprungen, hättet ihr mir etwas gesagt.

Sie würde auch ein bißchen weinen zwischendurch und zugeben, daß sie in Wirklichkeit nicht geglaubt habe, daß die Statistik auch für sie gelte.

Und ihre imaginierte Rede würde sie mit dem Manuela und Susanne erleichternden und entlastenden Satz beschließen:

Was haltet ihr übrigens davon, wenn ich noch mal in die Politik gehe?

Der Abend endet mit dem gemeinsamen Statement, daß es kein Grundrecht auf Geschlechterfrieden gebe.

Lydia Rood

Zwei zu eins

»Eine Gutenachtgeschichte«, forderte Claire, schmiegte sich in die Achselhöhle ihres Freundes und kroch möglichst dicht an ihn heran. Vielleicht würde er tun, was sie wollte, vielleicht auch nicht. Sie wußte es bei ihm nie, aber genau das hielt die Sache in Schwung.

»Worüber?« fragte Jesse. Abwesend streichelte er ihre rechte Brust mit der Hand, die er unter ihrem Rücken hindurchgeschoben hatte. Seine Zerstreutheit würde gewiß bald verschwinden.

»Über Jesse und Claire«, sagte Claire. Es war das erstemal, daß sie darum bat. Ein bißchen unheimlich war es auch; sie vergaß vorübergehend zu atmen.

Claire und ihr Freund Jesse trieben es schon zwanzig Jahre miteinander, und es war ihnen gelungen, die beiden Klippen einer festen Beziehung zu umschiffen: sexuellen Trott, aus dem sie Vertrautheit zu machen gewußt hatten, und gegenseitiges Desinteresse, das sie mit zeitweiligem Fremdgehen bekämpften. Eine solche Eskapade rückte den eigenen Partner plötzlich nicht nur in ein neues und anderes, sondern auch einfach in ein besseres Licht.

Als sie im Alter von fünfundzwanzig und siebenundzwanzig Jahren zum erstenmal miteinander im Bett gelandet waren, auf einer Fete in einem Haus mit vielen Schlafplätzen, hatten beide vom Sex noch wenig Ahnung gehabt, aber weil sie beide begierig waren und in sämtlichen Nervenspitzen Gefühl besaßen, hatten sie wenig Lehrzeit gebraucht, das Liebesspiel in all seinen Finessen zu beherrschen. Kamen sie einmal nicht gleichzeitig zum Orgasmus, dann deshalb, weil sie es diesmal nicht wollten, und nicht, weil der eine zu früh oder die andere zu spät...

»Aber nur«, sagte Jesse gedehnt, »wenn du danach auch eine Geschichte über uns erzählst.«

»Gut«, sagte Claire. Hatte Jesse erst die Scham durchbrochen, würde sie es wohl auch über sich bringen.

Ab und an verfielen sie auf solche »Gutenachtgeschichten«, die weniger zum Einschlafen gedacht, sondern mehr eine Art Vorspiel waren. Sie kreisten nie um Probleme oder die Liebe oder den Tod, um tägliches oder weniger alltägliches Leben, sondern immer um ihrer beider Sex. Sie waren die einzige Form, in der sie sich gegenseitig etwas von ihren geheimen Phantasien mitteilten. Das war spannend. Und ungefährlich.

Jesse hatte schon angefangen nachzudenken, sagte aber noch nichts. Claire spürte ihn an ihrem Schenkel und erwiderte den Druck, um ihn anzuspornen. Sie steckte einen Finger in seinen Nabel, drehte kleine Kringel. Ihr Gesicht legte sie in seine Halsbeuge (wo es richtig schön nach frischem Schweiß und fast verflogenem Aftershave roch), damit er ihr nicht in die Augen zu sehen brauchte. Nach einer Weile fing Jesse an zu reden.

»Claire war schon fünfunddreißig und noch immer eine Schönheit. Sie hatte langes rotes Haar, das nach Sommer roch, und einen Bauch und Brüste, die noch fest waren. Ihre Haut war glatt, besonders im Sommer, wenn sie goldbraun wurde und weich von der Sonnenmilch. Ihre Beine waren so lang und gelenkig, daß sie sie beim Vögeln oft in Jesses Nacken legte oder ihre Fersen in seinen verlängerten Rücken drückte, um ihn anzufeuern. Das schönste an Claire war, daß sie so gern vögelte. Man sah es ihr an, was manchmal lästig werden konnte, denn andere Männer hatten auch Augen im Kopf und umschwärmten sie in der Erwartung, sie würde ihren Freund irgenwann einmal satt haben.

»Hatte sie keine Kinder?« fragte Claire. Die Lobeshymne machte sie verlegen.

»Doch, zwei. Nette Kinder, die einem nie auf die Nerven gingen, jede Nacht durchschliefen und durchaus verstanden, daß Eltern im Bett nicht bloß schlummern.«

»Aber hatte sie dann nicht auch Schwangerschaftsstreifen?«

»Doch, ein paar. Ganz kleine, die silbern blieben, wenn sie zu Gold wurde, aber nur Jesse wußte die zu finden.« Sein Daumen strich sacht über die Stelle unten an ihrem Bauch, wo die Haut gebrochen war, und diesmal störte es Claire nicht.

»Hmm«, sagte sie. »Und Jesse, wie sah der aus?«

»Ach, ganz durchschnittlich.«

»Nein, nicht durchschnittlich!«

»Na gut. Er war ziemlich hübsch mit seinem dicken schwarzen Haar und den indianischen Backenknochen. Seine Pobacken waren fest, und er hatte starke Beine, die fast genauso lang waren wie die seiner Freundin, aber eben nur fast.«

»Und seine Haut hatte die Farbe der untergehenden Sonne«, fügte Claire verträumt hinzu.

»Meinetwegen. Aber jetzt muß du den Mund halten, sonst kommen wir nie zu einer spannenden Geschichte. – Gut. Jesse und Claire führten beide ein eigenständiges Leben, und das gefiel ihnen. Aber oft trafen sie sich, und das gefiel ihnen auch. Jesse hatte Freunde, die Claire nicht kannte (umgekehrt war es genauso), und das gab Jesse die Gelegenheit, mit seiner Frau anzugeben. Einmal begegnete er jemandem in einer Kneipe, einfach irgend jemandem, der neben ihm stand, als er sich ein Bier bestellen wollte, und der ihm den Vortritt ließ. Jesse bestellte für beide, sie prosteten sich zu und unterhielten sich. Jesses Gegenüber war sehr hochgewachsen. Sein Hemdskragen stand offen, und Jesse betrachtete eifersüchtig den kräftigen, unbehaarten Brustkorb darunter. Wie viele Antillianer hatte der Mann sehr lange Beine.

›Du würdest gut zu meiner Freundin passen‹, sagte Jesse. Einfach, weil er etwas sagen wollte und weil der Mann nett war und keine Neigung zu Konkurrenzverhalten an den Tag legte. ›Sie hat auch so lange Beine. Idiotisch lange Beine sogar.‹

›Und du bist verrückt nach ihr‹, sagte der Mann. Sie tranken weiter und unterhielten sich weiter, und Jesse schnitt noch mehr auf. Und wie es dazu kam, konnte er später nicht mehr sagen, aber plötzlich waren sie gemeinsam unterwegs zu dem Haus, in dem Claire sich schon längst schlafen gelegt hatte. Jesse hatte sich in den Kopf gesetzt, daß sein neuer Freund Jeffrey sie sehen sollte. Daß sie Claire nackt und schlaftrunken vorfinden würden, war dabei eher von Vorteil.

Leise schlichen sie die Treppe hinauf zu dem großen Schlafzimmer. Im Schein des Flurlichts spähten sie hinein. Jesse hatte nicht daran gedacht, daß es Sommer war und warm; Claire lag auf der Zudecke. Auf dem Rücken, ein Bein angewinkelt, das andere ausgestreckt. Ihre Brüste, deren Warzen in die Höhe zeigten, wogten sacht im Rhythmus ihres Atems. Frische Nachtluft drang durch die offenen Vorhänge, und ein Streifen silbrigen Mondlichts fiel genau über Claire. Eine Hand lag auf den rötlichen Locken zwischen ihren Beinen, halboffen, als habe sie mit sich selber gespielt und das Spiel nicht beendet, weil sie zu schläfrig geworden war. Genau so war es auch gewesen.

Jesse hörte, wie Jeffrey zischend den Atem einsog. Er zuckte, als wolle er einen Schritt tun, aber ob es ein Schritt vor oder zurück werden sollte, hätte Jesse nicht zu sagen vermocht.

›Schön ist sie, nicht?‹ sagte Jesse mit Stolz. Er hatte vergessen zu flüstern, und Claire schlug die Augen auf. Das war die Art, wie sie immer aufwacht: Sie seufzte und stöhnte nicht, zerwühlte nicht die Betten oder hustete; sie schlug einfach die Augen auf und fertig.

›Hallo‹, sagte sie. Ihre großen Augen fielen auf Jeffrey. Ich hatte noch vergessen zu sagen, daß sie sehr schöne Augen hatte, tiefgrau, aber im Halbdunkel des Zimmers sahen sie fast schwarz aus. ›Wer bist du?‹ fragte sie, sich etwas aufrichtend. Sie bemerkte, daß sie nackt war, und ihre Hand suchte halbherzig nach einem Zipfel der Bettdecke, den sie über sich ziehen konnte, aber sie hatte wenig Schamgefühl und ließ es, während sie nach wie vor Jeffrey betrachtete. Der stellte sich vor, auch mit seinem Zunamen. Claire gab ihm die Hand. Es war die Hand, die gerade noch zwischen ihren Beinen gelegen hatte. Jeffrey mußte ein paar Schritte weiter ins Zimmer treten; er stand jetzt direkt vor ihr. Jesse fragte sich, ob er sie riechen konnte.

›Dein Mann wollte, daß ich mitkomme und dich ansehe‹, sagte Jeffrey mit einer Stimme, in der der kreolische Akzent auf einmal deutlich hörbar war. ›Wir haben den ganzen Abend von dir geredet, weißt du.‹

›Von mir?‹ Claire legte die Hand auf ihre Brust, zwischen ihre Brüste, womit sie die Aufmerksamkeit beider Männer auf diese zog. Jesse spürte, daß Jeffrey hinsah, und er sah, daß Claire es bemerkte und daß ihre Brustwarzen hart wurden unter diesem Blick. Sie sank ein wenig zurück, auf einen Ellbogen gestützt, während ihre Augen zu schmalen Schlitzen wurden.

›Und jetzt?‹ fragte sie.

›Vielleicht möchte Jeffrey dich näher kennenlernen‹, sagte Jesse. Der Gedanke besorgte ihm eine Erektion. Und weil der andere Mann plötzlich unruhig von einem Bein aufs andere trat, vermutete er, daß dieser mit dem gleichen Problem kämpfte.

›Möchtest du das?‹ fragte Claire. Mit diesen Worten spreizte sie ihre Beine noch etwas mehr, ein ganz klein wenig, einen Zentimeter vielleicht. Aber die Einladung war unverkennbar. Das Mondlicht reichte nicht weiter als bis zu dem gelockten Dreieck; was darunter lag, konnten die Männer eher raten als sehen.

›Ja!‹ sagte Jeffrey heiser.

Claire warf Jesse einen kurzen, fragenden Blick zu. Jesse nickte und fing an, sich zu entkleiden.

›Wir ziehen uns beide aus‹, sagte er, ›aber Jeffrey hat heute abend die meisten Rechte. Ich hätte ihn halt nicht mit meinen Geschichten verrückt machen dürfen.‹

Claire sah mit weiten Pupillen zu, wie der fremde Mann sich entkleidete. Auch ihre Augen blieben zunächst an seiner muskulösen Brust hängen, dann an seinem flachen Bauch, sie streiften die festen Linien seiner endlosen Beine, und erst danach huschte ihr Blick über die vollen zwanzig Zentimeter seiner Erektion. Jeffrey stöhnte, beugte sich über das Bett, faßte ihre gesamte Haarpracht mit einer Hand in ihrem Nacken zusammen und begrub sein Gesicht in ihrer Brust. Jesse setzte sich ans untere Bettende und streichelte die Fußinnenseiten seiner Freundin. Nicht um sie zu beruhigen, dessen bedurfte es nicht, sondern weil er wußte, daß es sie erregte. Er sah zu, wie ihre Hände, die jetzt sehr weiß wirkten, über den dunklen Körper irrten und ihn bis in die entlegensten Winkel erkundeten. Es erstaunte ihn nicht, als sie sich über den Schoß des Fremden beugte und dessen Hoden in den Mund nahm. Und er freute sich, jetzt endlich einmal den beseligten Ausdruck sehen zu können, der bei diesem Tun auf ihrem Gesicht erschien.«

Claire lächelte verschmitzt. Sie beugte sich über Jesse und nahm seine Hoden in den Mund. Jesses Stimme klang heiser, als er fortfuhr.

»Jeffrey hatte sehr lange Finger, die Claire überall gierig betasteten. Er drehte sie um und streichelte ihren Po, dessen Rundung im Mondlicht glänzte. Plötzlich wußte Jesse, daß er nicht länger nur zusehen konnte.

›Steht auf‹, sagte er zu den beiden. ›Ihr seid gleich groß.‹ Sie taten, worum er sie bat, trunken vor Wollust. Jesse steckte seinen Stab von vorn zwischen Claires Beine und ließ ihn die feuchten Locken zerwühlen. Es war praktisch, daß seine Beine kürzer waren als die seiner Freundin: Er brauchte nur ein wenig in die Knie zu gehen, um in sie zu schlüpfen, und dann paßten sie genau aufeinander. Claires Gelenkigkeit tat das übrige. Jesse vollzog die vertraute Handlung, während Jeffrey sich damit vergnügte zuzusehen. Er zog sich sogar langsam in Richtung seines Kleiderhaufens zurück. Aber Jesse hatte ein anderes Szenario im Kopf, eines, in dem der dunkelhäutige Mann eine Hauptrolle spielen würde.

›Stell dich hinter sie‹, sagte er. ›Du darfst tun, was du willst, ihr gefällt alles.‹

Kurz darauf verspürte Claire etwas Hartes, Heißes zwischen ihren Pobacken. Jeffrey umfaßte ihre Brüste und erstickte sein Keuchen in ihrem Haar, das ihr über den Rükken fiel. Seine Nase rieb er an ihrem Nacken, während er langsam gegen sie anritt. Mit der linken Hand drückte Claire sein großes Glied noch tiefer zwischen ihre Backen. Die Art, in der sie ihr Schambein gegen seine Hände preßte, verriet Jesse, daß sie kurz vor dem Orgasmus stand. Er legte seine Hände auf Claires Hüften und hielt sie fest, so daß sie aufhörte, sich zu bewegen, und zog sich dann langsam aus ihr zurück.«

»O nein!« sagte die wirkliche Claire. Jesse verschloß ihr

den Mund mit Küssen. Aber schon bald fuhr er fort: »Claire stöhnte vor Enttäuschung, aber das änderte sich rasch, als Jeffrey sie auf einen Wink Jesses hin an sich zog. Zusammen taumelten sie aufs Bett. Jeffreys Hand verschwand zwischen Claires Beinen, er tauchte einen Finger in ihre Möse und leckte ihn anschließend langsam und delektiert sauber. Claire biß ihn in kleinen, verzweifelten Anläufen in den Nacken. Sie war bereit zu mehr.

Sobald Jeffrey sich hingelegt hatte, seitlings neben Claire, wobei sein Mund eine ihrer Brustwarzen umschloß und Claire zu stöhnen anfing, rutschte Jesse hinter sie auf die Decke und knetete sacht ihren Po und ihre Hüften. Ab und zu glitten seine Hände nach vorn, aber bei ihrer Klitoris begegneten sie jedesmal den energischeren Fingern seines Gegenspielers.«

Der wirkliche Jesse hatte sich hinter Claire gelegt und tat, was die Figur seines Namens tat.

»Erzähl weiter«, keuchte Claire.

»Jesse glaubte nicht, es noch lange aushalten zu können. Doch schon wurde der Leib seiner Freundin gegen ihn geschleudert, als Jeffrey sie penetrierte. Claire stöhnte. Zwischen ihren Pobacken spürte Jesse, wie naß sie war. Er verwendete den Saft, seinen Schwanz geschmeidig zu machen, fühlte dann mit dem Finger, ob sie offen genug war, und drang in ihr hinteres Löchlein. Vorübergehend entstand eine Störung des von Jeffrey aufgebauten Rhythmus, aber dann übernahm er diesen und stieß von hinten zu, wenn Jeffrey von der anderen Seite seine Hüften nach vorne warf. Die Männer spürten sich gegenseitig durch die dünne Scheidewand in Claires Innerstem. Claire schrie und kam zum Orgasmus. Eine halbe Sekunde später entleerten sich beide Männer in sie.«

Jesse spreizte Claires Pobacken und drang in sie ein. Aus einer zweiten Geschichte wurde an diesem Abend nichts.

»Bringst du irgendwann einmal einen fremden Mann für mich mit?« fragte Claire verschlafen, nachdem ihrer beider Schweiß sich vermischt hatte und ihre Atemzüge langsamer und langsamer wurden.

»Glaubst wohl, ich wäre so verrückt, dich mit jemandem zu teilen«, murmelte Jesse, küßte sie auf den Hals und schlief ein.

Aber fünf Wochen später, an einem warmen Sommerabend, nachdem Claire lange dagelegen und auf Jesse gewartet hatte, hörte sie plötzlich zwei Männerstimmen vor der Haustür. Eine der Stimmen kannte sie nicht, meinte aber, einen antillianischen Akzent zu erahnen. Sie träumte nicht. Ihre Nackenhaare sträubten sich, und ihre Brustwarzen prickelten. Sie kamen die Treppe hoch. Geräuschlos schob Claire die Vorhänge zur Seite. Ein breiter Streifen Mondlicht fiel über ihren goldenen Körper. Sie legte die Hand wieder zwischen ihre Beine, winkelte eines an und lag da und wartete, daß die Tür aufging und sie die Erektionen der beiden würde wachsen sehen.

Aus dem Niederländischen von Rolf Erdorf

Nina Jäckle

Das Zimmer

1

Nane betritt das Zimmer. Immer wieder beginnt es damit. In dem Zimmer wartet Luisa. Nane setzt sich neben Luisa auf das Bett, das Fenster ist geöffnet, der Vorhang jedoch ist zugezogen.

»Es ist das richtige Zimmer«, sagte Nane.

In manchen Nächten weht der Wind bis hin zu der Tür, die sich dann in ihrem Schloß bewegt. Nane war auch nachts in dem Zimmer, sie hat die Bewegungen der Tür wahrgenommen, sie hat Luisas Schlaf beobachtet. Die Scheinwerferlichter der vorüberfahrenden Autos verfingen sich wie verirrte Vögel an den Wänden und in den Ecken des Zimmers.

Luisa wartete darauf, daß Nane spricht. Nane indes steht in der Mitte des Raumes, leise summt sie ein Lied, Luisa kennt die Melodie bereits. Sie sagt:

»Es gibt hier nichts als das Bett und das Fenster, manchmal den Wind.«

»Es gibt dich.«

»Ja. Es gibt auch mich in diesem Zimmer.«

Immer ist Luisas Mund ein wenig geöffnet. Manchmal denkt Nane, Luisa würde etwas flüstern, und hört genauer hin, und so hört sie dann Luisas Atmen zu.

Es vergeht Zeit, sie sprechen nicht. Dann legt sich Luisa langsam zurück. Nane öffnet ihre Bluse, zieht sie jedoch nicht aus. Luisa hat sich wieder aufgesetzt, ihr Oberkörper ist nackt.

»Ich möchte, daß du sprichst«, sagt Nane.

»Wirst du wieder in dieses Zimmer zurückkommen?« fragt Luisa.

2

Luisa geht zurück zu ihm. Die Berührungen, die Erinnerungen, alles fällt von ihr ab, sobald sie die gemeinsame Wohnung betritt. Erst ihr Erscheinen schließt die Räume, die sie durchquert bis hin zu ihm, der schläft, der lächelt, während er sich zur anderen Seite dreht. Sobald Luisa hört, wie er gleichmäßig atmend in den tiefen Schlaf zurückgefunden hat, beginnt sie von den anderen Männern zu erzählen.

»Er hielt mich an den Handgelenken. Er schrie sehr laut, dann ließ er sich fallen. Sein Körper lag auf mir, schwer, wie der Körper eines Toten. Erst jetzt, er blieb bewegungslos, nur sein Herz schlug schnell gegen meine Brust, erst jetzt kam meine Lust.«

Oder:

»Wir konnten über die Stadt sehen. Der Mann drückte mich von hinten gegen die kalte Fensterscheibe, die bis zum Boden reichte. Wir standen über den befahrenen Straßen, ich konnte das Hotelzimmer hinter mir sehen, spiegelverkehrt. Ich kenne seinen Namen nicht.«

Sie weiß, daß ihre Worte bis in seinen Schlaf hineinreichen. Sie weiß, daß er an manchen Tagen denkt, er habe ihre Worte geträumt. Er spricht nicht darüber, aber sie weiß, daß er die Träume in Gedanken wiederholt, damit sich der

Schmerz einstellt, die unerträgliche Lust, die ihn von seinem Schreibtisch aufstehen läßt, die ihn durch die Straßen treibt, bis sein Körper zu müde wird für dieses Verlangen.

Luisa sagt:

»Sie wird nicht wiederkommen. Ich erzähle dir davon, denn es ist wichtig, daß du dieses Zimmer träumst. Dieses Zimmer, in dem ich so oft gewesen bin, mit der Frau, die mir sagte, sie kenne meine Lust, weil es auch die ihre sei. Jetzt, wo sie nicht wiederkommen wird, ist es wichtig, daß du dies alles träumst, den Anblick des leeren Bettes, des geöffneten Fensters, so auch den Wind, der manchmal bis zur Tür wehte... Alles das sollst du träumen, damit du mein Unglück kennst.«

3

Seine Tage sind bereits wie leere Zimmer. Den Nächten jedoch fiebert er ungeduldig entgegen, genauer noch, dem Moment, in dem er die Augen schließt, damit Luisa zu sprechen beginnt. Er weiß sich schlafend zu stellen, schon lange bevor Luisa das Schlafzimmer betritt, konzentriert er sich auf das gleichmäßige Heben und Senken seiner Brust. Sie glaubt ihm den Schlaf, so denkt er, denn es scheint, als würde sie jede ihrer Bewegungen flüstern. Fast geräuschlos legt sie sich neben ihn in das Bett. Einen kurzen Augenblick wartet sie, um sicher zu sein, daß ihn die plötzliche Wärme ihres Körpers neben dem seinen nicht weckte. Dann beginnt sie zu erzählen.

Abend für Abend spricht Luisa von der Frau, die manchmal für lange Zeit in der Mitte des Raumes stand und zu dem Bett hinübersah. Er liegt hinter seinen geschlossenen Augen und lauert auf jedes ihrer Worte. Keines von ihnen darf ihm entgehen, denn sie sind Wegbeschreibungen, ohne die er nicht mehr in seine Träume findet. Luisa erzählt von dem Mund der Frau, leise summt sie eine Melodie, die auch die Frau summt, damals, in dem Zimmer. Manchmal öffnet er die Augen, als wäre er wie durch einen plötzlichen Einfall erwacht, dann nähert er sich und küßt Luisas Mund, doch auch unter seinem Kuß hört die Melodie nicht auf.

Er weiß, in welchen Vierteln der Stadt Luisa die Tage verbringt. Er kennt die Seitenstraßen, er kennt die Häuser, in denen die Zimmer sind. Er beginnt, in diesen Vierteln zu suchen. An manchen Tagen ist er sich nicht sicher, ob er sich wirklich bewegt oder ob es Luisas Worte sind, an denen er in Gedanken entlanggeht wie an Häuserwänden. Erst ist es ein unbestimmtes, ein zielloses Hasten durch immer andere Straßenfluchten, dann aber, Tag für Tag, verlangsamt sich sein Gehen. Immer wieder findet er zu demselben Haus, das er wiedererkennt, als wäre er selbst in dem Zimmer hinter dem zugezogenen Vorhang gewesen. Als wäre er es gewesen, der diese fremde Frau ansah, in der Mitte des Raumes, am Fenster, im Bett.

4

Nane betritt das Zimmer, sie geht zu dem Fenster und öffnet es. Wie aus dem Schlaf erwacht bewegt sich die Tür in ihrem Schloß, sobald der Wind sie erreicht. Das Zimmer holt Luft. Nane sieht zu dem Haus gegenüber. Auch dort ist auf gleicher Höhe ein Fenster geöffnet. »Es könnte sein, daß jemand in dem gegenüberliegenden Zimmer war, jemand, der hörte, wie ich damals Luisas Namen rief.«

Als hätte sie ihren Schrei an seinen Rändern entlang ausgeschnitten, als hätte sie ihn herausgetrennt aus seiner damaligen Welt, um ihn abrufbar in ihrem Ohr zu bewahren, hört sie sich immer wieder Luisas Namen rufen.

Sie schließt den Vorhang und wendet sich dem Innenraum zu. Die Decke liegt ohne Falten über dem Bett. Nane setzt sich in die Stoffebene. Von dem Fenster aus sind es fünf Schritte bis zu dem Bett. Sie weiß, Luisa zählte die Schritte, die Nane langsam ging, bis sie bei ihr war.

5

Luisa wartet, bis er eingeschlafen ist. Dann erst beginnt sie zu erzählen.

»Heute stand ich vor dem Haus. Ich hätte die Treppen hinaufgehen, die Tür öffnen und eintreten können…«

Er dreht sich im Schlaf.

»Ich hätte das Zimmer nicht wiedererkannt.«

Einen Moment sagt Luisa nichts, dann spricht sie weiter.

»Ich hatte das Gefühl, sie würde mit ihren Händen mein Gesicht auswendig lernen. Sie wiederholte es, minutenlang… Manchmal saß ich auf dem Bett und wartete darauf, daß sie vom Fenster aus zu mir kommt. Wenn sie sich dann wirklich von dem Vorhang löste, schloß ich die Augen und zählte ihre Schritte, es waren fünf bis hin zu mir. Ich kenne den Rhythmus, in dem sie die fünf Schritte ging. Sie legte mir ihre Hand auf den Mund, das tat sie oft… Ich fragte, ob sie wiederkäme in das Zimmer. Sie antwortete mir nicht.«

6

Er braucht einen Moment, um in das Lächeln zu finden, mit dem er sich zu Luisa beugt. Er küßt sie, dann dreht er sich zur anderen Seite.

»Du mußt schlafen, du mußt dich endlich ausruhen«, sagt er zu ihr.

In Gedanken sieht er die andere Frau, er zählt ihre Schritte, es sind fünf, die sie langsam geht, bis sie bei ihm ist.

Am nächsten Tag geht er zu dem Haus, er steigt die Treppe hinauf, erreicht die Tür, klopft an, ohne darüber nachzudenken. Nane öffnet. Sie stellt ihm keine Fragen, auch er spricht nicht sofort. Er geht an ihr vorbei, bleibt in der Mitte des Raumes stehen. Nane hat die Tür nun geschlossen, sie sieht ihn an. Er geht stumm zu dem Fenster. Sie setzt sich auf das Bett, wartet. Er sagt:

»Es sind fünf Schritte von hier bis zu Ihnen.«

Er geht hinüber zu dem Bett. Nane fragt nicht nach dem Grund seiner Anwesenheit, sie steht auf, legt ihre Hand auf seinen Mund.

»Ich möchte nicht, daß wir von ihr sprechen«, sagt sie.

Nane steht vor dem Mann, der nun auf dem Bett sitzt, der sie behutsam ansieht. Lange steht sie so, in der Mitte des Raumes, leise summt sie ein Lied, er kennt die Melodie.

7

Nane schließt das Fenster. Das Zimmer verstummt, die Geräusche der Stadt gehen vor dem Haus auf und ab. Sie zieht den Vorhang zurück und geht ein letztesmal die fünf Schritte bis hin zu dem Bett, dann verläßt sie das Zimmer.

Luisa betritt das Zimmer. Es ist anders als sonst, das Fenster ist geschlossen, der Vorhang ist zurückgezogen. Luisa bleibt erst einen Moment in der Mitte des Raumes stehen, dann setzt sie sich auf das Bett. Sie erkennt das Zimmer nicht, weiß nicht, weshalb sie hier ist, weshalb sie wartet. Sie legt sich zurück und schließt die Augen.

Leise betritt er das Zimmer. Er sieht Luisa auf dem Bett, sie hat die Augen geschlossen. Er setzt sich neben sie und wartet einen Moment, bevor er spricht. Er weiß, daß seine Worte bis in ihren Schlaf hineinreichen.

»Sie war, wie du es mir sagtest, sie lernte auch mein Gesicht auswendig, wiederholte es mit ihren Händen, minutenlang. Es gab nur dieses Zimmer, das Fenster, das Bett und manchmal den Wind, alles war, wie du es mir sagtest. Sie bat mich darum, nicht von dir zu sprechen, und so warst du eben durch dieses Auslassen bei mir, die ganze Zeit, so wie sie nun immer bei uns sein wird...«

Regula Venske

Der Phallus – die Falle. Oder: Gib mir deinen, Kleiner!

Wie gern würdest du dich jetzt entspannt zurücklehnen und die Augen schließen und dir unsere Begegnung ins Gedächtnis rufen –

– aber das geht nicht, es wäre viel zu gefährlich. Du mußt schließlich aufpassen, daß du nicht jetzt schon mein Hinterteil berührst. Um ein Haar hättest du mich soeben touchiert, Kleiner, denn damit, daß ich so unvermittelt abbremsen würde, hast du nicht gerechnet, nicht wahr? Ich sehe dich im Rückspiegel, sehe deinen dunkelblonden Schopf, sehe die in die Augen fallende widerspenstige Strähne, die du mit der Linken zu zähmen versuchst, und ich weiß – wie immer, ganz sicher –, du bist es!

Deine graublauen Augen blitzen, als du merkst, wie plötzlich du abbremsen mußt. Das war knapp! Durch den Ruck fallen dir die Haare wieder in die Stirn über den Blick. Jetzt mußt du dir etwas einfallen lassen, ja, du wirst dich gewaltig anstrengen müssen, wenn du an mir vorbeikommen willst. Mein dunkelblauer 500 SL, den ich vorgestern auf der Kasseler Höhe gegen einen knallroten Fiat Uno eintauschte, nimmt schließlich die ganze Breite der Fahrspur ein.

Du hast in den dritten Gang heruntergeschaltet und bleibst mir dicht auf den Fersen. Ich schnalze mit der Zunge, begeistert, wie brav du mir folgst. Ich locke dich, kitzele dich unter meiner Fußsohle, die das Gaspedal nur leicht zu berühren braucht. Dafür, daß du dein Getriebe jetzt voll ausreizen mußt, kannst du nichts, du fährst durchaus gewandt. Meinen ersten Test hast du mit Auszeichnung bestanden, wenngleich deine Maschine schrecklich ungesund heult. Die Abendsonne steht blendend schräg hinter Warendorf, der Kirchturm blinkt, ein gelber Tanklastzug kommt uns entgegen. Du schätzt die Entfernung richtig ein und wartest ab, bis er vorüberdonnert; übrigens lasse ich mich mit Männern, die zu gefährlichen Überholmanövern neigen, grundsätzlich nicht ein. Ich fange deinen gespannten Blick auf, bevor du deinerseits in den Rückspiegel schaust. Dann blinkst du – ein schnelles, nervös flackerndes Zucken, das mich rührt und das in den nächsten zweieinhalb Stunden liebzugewinnen mir nicht schwerfallen wird. Und dann wagst du dich auf die Gegenfahrbahn hinüber.

Mit Leichtigkeit könnte ich dich jetzt abhängen und dir davonbrausen, ich könnte deine flüchtige Windsbraut für immer und ewig sein, aber ich gebe der Verlockung nicht nach. Es hat ja doch zwischen uns gefunkt, ich leugne es nicht. Ich fühle mich dir, wenn auch unsichtbar, schon verbunden und ziehe dich nun mit allem, was mir zur Verfügung steht beziehungsweise fährt, in den Bann. Ich stelle kein Warndreieck auf.

Jetzt hast du mich eingeholt, einen Augenblick lang liegen wir Stoßstange an Stoßstange. Ich sehe zu dir hinüber, deine Augen blitzen wieder graublau. Während ich noch – zart und hingebungsvoll – seufze, heulst du schon an mir vorbei. Endlich schaltest du nun auch, wie es sich gehört, wieder in den vierten Gang hoch. Elegant, ich habe es nicht anders erwartet, scherst du vor mir ein; übrigens verabscheue ich Männer, die andere beim Überholen plump oder gar waghalsig schneiden.

Jetzt bin ich hinter dir, ja, ich bin hinter dir her. Dein

Nummernschild weist dich als einen aus Ludwigslust aus. Was um alles in der Welt hat dich nach Ostwestfalen verschlagen? Dein beiger Ford Escort ist rußverschmiert, ich vermute also, daß du in Bochum studierst. Ob du dort aber BWL oder Physik oder Sport oder Geographie betreibst, ist mir herzlich egal.

Ein Weilchen lasse ich nun dich das Tempo bestimmen. Siebzig wären erlaubt, fünfundneunzig holst du aus deiner Karre heraus. Du bist schätzungsweise zwölf Jahre jünger als ich. Die Sonne strahlt immer noch schief, ich klappe das schwarze Abblendvisier zum Schutz meiner Augen herunter. Ach, einen Moment nur, einen überflüssigen Moment lang habe ich nicht Obacht gegeben, schon will sich ein Spießer aus Gütersloh von hinten zwischen uns drängeln. Ich lasse ihn aber nicht rein. Ist mir egal, ob er flucht oder hupt und der Gegenverkehr blinkt. Soll er ruhig bremsen und hinter mir bleiben, ich lasse dich nicht. Ich halte dir heute abend die Stange. Ich geb dir die Sporen, ich hetze meine gesamte dunkelblau glänzende Kavallerie auf dich mit Gebrüll, ich heize dir ein.

An der nächsten Ampel fürchte ich kurz nur, du könntest die Route links nach Neubeckum einschlagen. Aber du gehorchst meinem Wink und fährst so, wie die B 64 es will: geradeaus. Der griesgrämige Spießer aus Gütersloh biegt zum Glück rechts nach Sassenberg ab.

Bis Telgte träumen wir uns so in den Abend, in irgendeinen Abend hinein, dann wird es Zeit, daß ich wieder in Führung gehe, nicht wahr? Wie solltest du sonst denn auch wissen, woran du mit mir bist und ob überhaupt? Schon hast du merklich nachgelassen im Tempo und in deiner Aufmerksamkeit, gib es zu, doch als ich an dir vorüberziehe, hautnah, so daß ich dir die Flanke, wenn ich wollte, tief aufreißen könnte von hinten bis vorn, bist du mit einem Schlag wieder wach. Keine Angst, Kleiner, ich habe das Steuer im Griff, auch wenn ich es nur ganz leicht mit zwei Fingern der linken Hand halte. Ich habe Servolenkung, mein Freund. Ich strecke die rechte Hand nach dir aus und streichle dich fast, dann werfe ich dir eine Kußhand nach hinten. Du richtest dich auf. Oh, du bist groß, aber in meinen Rückspiegel paßt du dennoch ganz und gar rein. Du lächelst mir zu. Du bist herrlich!

Ich bremse und gebe wieder Gas, bremse und gebe Gas. Schnell hast du meinen Rhythmus begriffen. Du schmiegst dich mir an. Du machst keine Anstalten, mir davonpreschen zu wollen. Und doch passe ich auf. Denn für den Fall, daß du gleich nach rechts hinüber zur Lützow-Kaserne abbiegen solltest, muß ich mir ja etwas einfallen lassen. Aber ich bin wendig und werde dann sogleich die Einfahrt zum Waldfriedhof Lauheide ansteuern. Vorschnell gebe ich nämlich nie auf, allerdings hoffe ich und bete zu Gott, daß du das Bundeswehralter schon hinter dir hast. Denn noch käme ein Einparken auf dem Waldfriedhof nur einer höchst unbefriedigenden Notlösung gleich, das Vorgeplänkel war einfach zu kurz. Du bist ja erst bei Herzebrock auf die Landstraße und zu mir gestoßen. Meine Luxuslimousine aber braucht eine Autobahn, um sich voll zu entfalten.

Und die Autobahn steuere ich an, kaum sind wir an Kaserne und Friedhof glücklich vorbei.

Jetzt, Schätzchen, steht uns die schwerste Etappe bevor. Es gilt, sich durch Münster zu fädeln, ohne einander aus den Spiegeln oder dem Sinn zu verlieren. Zum Glück ist es ein ruhiger Sonntagabend: in Münster nichts los. Ich klappe das Abblendvisier wieder hoch. Zielstrebig führe ich dich, ich verführe dich, an Theater, Stadtmauerturm und Finanzamt vorbei. Willig folgst du mir nach. Ich nehme Rücksicht auf dich und bremse vorsorglich schon bei Grün, du überfährst eine Ampel bei Rot. Das stimmt mich froh. Bei Kinderhaus nehmen wir die A1 in Fahrtrichtung Hamburg. Ich schalte das Autoradio ein. *Hit the road again*... Hörst du's? Ich schlage dir eine Bresche in den Wochenendrückreiseverkehr. Ich könnte dich jederzeit schlagen. Ich selbst bin unschlagbar. Ich habe ein Abschleppseil, Airbag und ein automatisches Bremssystem. Ich bin Hanseatin, das hast du bestimmt schon erkannt. Ich spreize mich dunkelblau vor dir, ich breite all meine Pferdestärken ganz vor dir aus.

Da erlaubst du dir einen Spaß, kleiner Ludwigslüstling, und gibst Gas. Du legst einen Zahn zu und zischst röhrend an mir vorbei. Dein Auspuff knattert, deine Haare bauschen sich unverwüstbar im Wind. Du kurbelst dein Seitenfenster langsam und gleichmäßig hoch. Du hast starke Armmuskeln: wenn schon links, dann sicher auch rechts. Die hast du gebraucht, um dich ohne Servolenkung durchs Leben zu schlagen.

Ein Schild am Fahrbahnrand annonciert die Frequenz für den Sender, den auch ich gerade höre. Ich blinker dich zweimal an, obwohl ich nicht einmal weiß, ob du überhaupt ein Autoradio hast. Wenn ja, begibst du dich jetzt, dessen bin ich ganz sicher, auf meine Frequenz. *I never had a girl like you before*... Mit der rechten Hand klopfe ich den Takt auf meinen Oberschenkel, und der Fuß auf dem Gaspedal wippt. Ich singe, nein, brülle ein paar Verse lauthals mit, dann gehe ich wieder auf die Überholspur hinüber.

Jauchzend beschleunigen wir jetzt alle beide. Es geht doch nichts über die Gleichzeitigkeit. Und erst multiple Gleichzeitigkeiten!

Wir gleiten auf derselben Wellenlänge dahin. Wir spielen. Mal nehme ich dich von hinten, mal gleite ich dir anmutig voraus. Mal keuchst du vor mir her, und ich schließe mich dir mit Kußhänden an, dann wiederum gibst du mir von hinten dein Letztes. Du hast dich inzwischen ganz auf meine Bedingungen eingefahren, und ich habe mich deinen Möglichkeiten ergeben. Ich habe nur noch Augen für dich, du hast nur noch Augen für mich. Und doch besteht kein Grund zur Beunruhigung: Keiner beherrscht den Verkehr heute abend besser als wir. Sprakel, Gimbte, Ladbergen. Ich lasse mir den Verkehrsfluß auf der Zunge zergehen. Ich vergehe. Und mit mir auch du, süßer Fremdling, der du dir gerade mit der Zungenspitze die Oberlippe befeuchtest. Ich möchte noch tanzen auf ihr heute abend, schalte aber fürs erste herunter in den vierten Gang, weil eine Baustelle kommt.

Der stockende Verkehr zwischen Osnabrück-Nord und Bramsche gibt uns Gelegenheit, zwischendurch zu verschnaufen. Uns zu beäugen, Kotflügel an Kotflügel. Die Nase zu putzen, die Haare zu richten, auch wohl eine Zigarette zu rauchen. Ich ziehe den Lippenstift nach.

Mein Mercedesstern prangt, aus dem Teutoburger Wald kriecht die Dämmerung herauf, es wird kühl. Ich drehe die Heizung höher, du schaltest das Abblendlicht ein. Mein Kilometerstand zeigt 213 456 Kilometer, ich bin eine Frau mit Erfahrung. Meine Tachonadel gehorcht mir aufs Wort. Mein Benzinanzeiger verrät, daß ich bald wieder auftanken sollte, doch das habe ich sowieso im Gefühl, ich schaue nicht mehr hin. Der Verkehrsfunk verkündet uns freie Fahrt. Jetzt habe ich dich bald da, wo ich dich hinkriegen wollte.

Zwar fährst du vor mir, doch du nimmst sofort wahr, daß ich blinke. Du blinkst auch. Das nervöse Flackern deines Blinkerlämpchens erregt mich sofort wieder aufs neue. Du hast verstanden, daß ich beabsichtige, bei den Dammer Bergen zu tanken. Du eskortierst mich zur Tankstelle. Für jeden von uns ist eine Zapfsäule frei. Ich führe schon den Stutzen ein, während du noch an der Öffnung herumfummelst, wir blicken uns an, wir sprechen kein Wort.

Wie im Schlaf werde ich meine und deine Schritte gleich lenken, und traumtänzerisch folgst du mir nach.

Wir tanken, zahlen und parken, dein rußig-beiges Fahrgestell, dicht an dicht mit meiner polierten Karosserie. Hand in Hand eilen wir die Stufen zur Raststätte hinauf, hastig durchqueren wir das Restaurant und springen auf der anderen Seite dem Wegweiser zur Kapelle hinterher. Vor dem Eingang steht ein Heckenrosenstrauch, daran glänzen Hagebutten rot und prall. Die Kapelle ist leer. Du reißt die Glastür auf, wir stürmen hinein, ich blase alle Kerzen in den Ständern mit einem Atemzug aus.

Unsere Hüllen fallen übereinander, du lehnst dich gegen den Altar, du bist bereit. Ich stülpe mich über dich. Weihrauch umfängt uns. Die Madonna lächelt von der Wand auf uns herab, und das Christuskind grinst. Das sehen wir aber nicht mehr.

Endlich kannst du dich entspannt zurücklehnen und die Augen schließen und dir unsere Begegnung ins Gedächtnis rufen, mein Freund. Weißt du noch, wie du nach einer geraumen Ewigkeit wieder zu dir gekommen bist? Du hast eine Kerze angezündet und mir in die Augen geleuchtet. Du hast ungläubig gelacht. Aus der Vase auf dem Altar hast du eine leuchtendrote Gerbera gebrochen und mir zwischen die Brüste gesteckt. Gesprochen haben wir immer noch nicht. Als wir unsere Siebensachen zu guter Letzt wieder angezogen hatten, habe ich meinen Autoschlüssel aus der Jackentasche gezückt. Ich habe ihn dir in die Hand gedrückt. Weißt du noch? »Gib mir deinen, Kleiner!« habe ich mit rauher Stimme gesagt. Da hat in deine Augen ein graublauer Blitz eingeschlagen.

Zum Abschied hast du mich nicht mehr geküßt, sondern mit dem Finger in den Ruß ein schwarzbeiges Herzchen gezeichnet. Ich kann es in der Dunkelheit im Licht anderer Scheinwerfer ahnen. Diese Erinnerungen sind doch die schönsten im Leben. Du bist sicher glücklich. Du wirst mich nicht vergessen, du fährst ja den 500 SL. Und auch ich bin restlos befriedigt. In Wildeshausen habe ich mir eine Schinkenplatte und zwei Tassen Kaffee gegönnt. Ich tukkere langsam vor mich hin durch die Nacht. Auch du wirst mir im Gedächtnis bleiben – eine Zeitlang – zumindest bis morgen früh. Dann plane ich, den Ford Escort gegen einen schnittigen Japaner zu tauschen. Bis dann, Kleiner – entspann dich, lehn dich zurück und bleib mir gewogen! Und fahr nicht zu schnell! Gute Nacht!

Susanne Fischer

Die Handtasche

Der Apparat reagierte nicht, weil ein anderes Gerät nicht funktionierte. Die Fernbedienung war kaputtgegangen; infolgedessen blieb der Fernseher schwarz. Das plötzliche Verschwinden gewohnter Gegenstände oder das unvermutete Aussetzen ihrer nützlichen und bequemen Funktionen kann empfindliche Personen unverhältnismäßig irritieren, das ist ja allgemein bekannt. Trotzdem fühlte Jürgen sich, als ob es das erste Mal sei, daß so etwas auf der Welt passierte, und nun ausgerechnet gleich ihm. Er drückte sogar noch mehrmals die Knöpfe, die vor drei Tagen den Fernseher wie selbstverständlich beherrscht hatten und jetzt mit einemmal sinnlos geworden waren; er betätigte sie mehrfach so, als ob sich die Fernbedienung vielleicht doch noch zur Einsicht bringen ließe. Aber nichts passierte. Jürgen hatte eine anstrengende Reise hinter sich und erhob sich nur ungern wieder vom Sofa; doch anders war der Fernseher nicht in Betrieb zu setzen. Auf dem Weg zum Gerät blieb er am Schalter der Stehlampe hängen und zog sich einen Reißfaden in den Pullover. Er schaltete den Apparat ein.

»Und, Autofahrer, aufgepaßt: Es wird glatt heute nacht!« Der freundliche ältere Herr, der aus dem Kasten besorgt auf anscheinend jedes Gefährt der Republik hinäugelte, erinnerte Jürgen an seinen alten Mathematiklehrer Dr. Rudolf. Er sank zurück auf das Sofa. »Und, meine lieben Schüler, aufgepaßt: Sie sollten alle einmal für eine Weile ins Kloster gehen, damit Sie sich wieder konzentrieren können!« So ähnlich hatte Dr. Rudolf sich, beinahe bekümmert, geäußert und natürlich nur erreicht, daß man sich über ihn lustig machte. Beliebt war er ohnehin nicht gewesen.

Jürgen versuchte, eine Bierdose zu öffnen, aber der Ring riß ab, ohne den Verschluß mit aufzuziehen. Nun mußte er noch einmal aufstehen. Auf dem Weg in die Küche schaltete er ein anderes Programm ein, denn Wetterbericht, Reklame und Nachrichten wollte er jetzt nicht sehen. »...glaube nicht, daß ich das möchte«, sagte eine kecke Rothaarige spitz zu einem konsterniert in die Ferne blikkenden Mann, der wie ein Zahnarzt aussah. Er hatte keinen Kittel an, und die Filmszene spielte auf einem Bootsanleger, nicht in einem Behandlungsraum, aber der Typ sah trotzdem aus wie ein »Dentist«, sagte Jürgen vor sich hin. »Wie ein verdammter Dentist!« Im Flur stand noch Jürgens kleiner Koffer, den er auf Geschäftsreisen mitnahm. Und die Tasche. Sie stand da wirklich und wahrhaftig: ihre Tasche.

Jürgen Schwartz, 29, Marketingfachmann: »Ich weiß selbst nicht, warum ich das getan habe. Ich glaube nicht, daß sie das möchte. Nehmen Sie mich fest, denn es wird glatt heute nacht!« Eigentlich hatte er es nicht getan, sondern es war ihm widerfahren. Diesen Unterschied würde er allerdings kaum jemandem erläutern können. Es war ja alles so klar: Er hatte ihre Tasche mitgenommen. Eine schwarze, rechteckige Ledertasche, ziemlich klein, aber das machte ja wohl keinen Unterschied »rein juristisch«, dachte er und haßte sich im selben Augenblick. »Rein juristisch, Herr Inquisitor, habe ich das Ding geklaut. In echt war aber alles ganz anders.«

Er haute den Dosenöffner in die Bierdose, ruckelte ein wenig damit und versuchte, das Bier aus der kleinen gezackten Öffnung in ein Glas zu gießen. Die Dose rülpste und bekam Schluckauf, so daß Jürgen Bier verschüttete. Rein heuristisch, Herr Ingenieur, habe ich das Ding versaut, voll versaut. Er suchte nach der Streichholzschachtel und schlurfte zurück ins Wohnzimmer.

»Weiß ich doch nicht, was drin ist«, sagte der Zahnarzt gerade recht schnippisch zur Rothaarigen und starrte dann bedeutungsvoll auf eine Zigarettenschachtel. Zigaretten natürlich, wie sich nach dem Schnitt herausstellte. Das sollte vermutlich irgendwie symbolisch sein, war aber in Wirklichkeit nicht zum Aushalten. Mechanisch drückte Jürgen ein paar Knöpfe der Fernbedienung, und gerade, als ihm einfiel, daß sie kaputt war, funktionierte sie plötzlich doch. Anscheinend war er zurück in die Nachrichten geraten, denn es war eine karge Landschaft zu sehen, in der hier und da kleine Rauchwölkchen aufstiegen, die das Bild zum Wackeln brachten.

Sie war in sein Zugabteil gestiegen. Sie war absolut perfekt, fand er, und das hatte ihn augenblicklich am allermeisten gegen sie aufgebracht. Das einzige Sonderbare und Unstimmige an ihr war die große Sammlung von Behältnissen gewesen, die sie mit sich geführt hatte: Koffer, Taschen, Tüten, Schminkköfferchen und ein Ding, das wie eine Hutschachtel ausgesehen hatte, obwohl so etwas heutzutage wohl eigentlich nicht mehr benutzt wird. Ihr Aussehen hätte er nicht beschreiben können, allenfalls ein sehr andächtiges »Schön« wäre angemessen gewesen. Jede Hervorhebung eines Details hätte das Gesamtbild ruiniert, und außerdem waren es eben nicht die einzelnen Züge ihres Gesichts oder Teile ihrer Figur gewesen, die ihn gebannt hatten, sondern einfach alles. Überhaupt waren seine Blicke von ihr abgeprallt; alles, was er sah, war zu ihm zurückgeworfen worden. Nicht einmal ihr Alter hatte er annähernd schätzen können: Jung war sie offensichtlich, aber wie jung hätte er nicht zu sagen gewußt. Sie trug kein Make-up, trotz des Schminkköfferchens. Entweder verwahrte sie etwas anderes darin oder benutzte die Schminke nur zu besonderen Gelegenheiten. Ihre Haut war auch ohne Puder, Grundierung, Tagescreme, Abdeckstift und Finish makellos und glatt, ihr Haar glänzend, ja, alles an ihr war köstlich und glatt gewesen. Außerdem hatte sie ihn mit einem freundlichen Lächeln begrüßt und gefragt, ob hier – dabei hatte sie auf die fünf unbesetzten Sitze gewiesen – noch etwas für sie frei sei. Obwohl er sich eigentlich für gewandt hielt, hatte er kaum antworten können, so war ihm die Spucke weggeblieben.

Irgend etwas an dem Krieg, den sie gerade im Fernsehen zeigten, wirkte störend auf Jürgen. Die Rauchwölkchen, das verwackelte Bild, die Häuserruinen: es war alles korrekt, trotzdem stimmte etwas nicht. Man sieht ja keine Menschen! dachte Jürgen, und gleich darauf schuldbewußt: Wahrscheinlich sind sie alle tot, aber da kamen sie schon ins Bild. Der Ton fehlte, das war es. Es gab kein Knallen, Krachen und Rumsen, die schreienden Frauen schrieen tonlos, und der wohlgenährte Reporter, der sich mit kugelsicherer Weste jetzt in den Bildvordergrund hineinschob, war nicht zu hören. Es kam nur ein gleichmäßiges Rauschen aus dem Gerät.

Auch das noch, Tonausfall! Nachdem er die Fernbedienung getestet hatte, diesmal wiederum erfolglos, erhob er sich, um den Apparat zu prüfen, weil er wissen wollte, ob es sich um eine Sendestörung handelte oder ob der Fernseher gerade kaputtging. Aber noch bevor er die Knöpfe erreichte, brach der Film offensichtlich mittendrin ab. Der Reportermund war gerade eindringlich weit aufgesperrt und gab ohne Zweifel Wichtigstes zum besten, da entschuldigte sich eine souveräne Dame für den »kriegsbedingten Tonausfall«. Gleich darauf wandte sie sich, ungerührt Nachrichten verkündend, den »Ereignissen des

Inlands« zu. Die alterslose Nachrichtensprecherin war vielleicht die Freundin des uralten Wettermannes. Zusammen mußten sie am Abend nur etwa eine Viertelstunde arbeiten und konnten sich sonst über die Ereignisse des Inlands unterhalten. Jürgen kniete jetzt vor dem Fernseher, um in Ruhe weiterschalten zu können. Seit die Fernbedienung sich durchgesetzt hatte, war die direkte Handhabung des Geräts mühsamer geworden. Schon rannte die Rothaarige zu hektischer Musik durch einen elend langen Flur / Schnitt / fuhr der Zahnarzt mit einem Sportwagen eiligst durch die Straßen, aber merkwürdigerweise von links nach rechts, während das Mädchen im Korridor von rechts nach links rannte. Vermutlich würden sie sich also irgendwo mit einem Knall treffen, folgerte Jürgen, aber er wollte nicht abwarten, wo das sein würde.

Im Zug hatte es die junge Frau geschafft, ihr Hab und Gut über das ganze Abteil auszubreiten, ehe sie sich auf dem Fensterplatz Jürgen gegenüber niedergelassen hatte. Aufmerksam hatte sie ihn angeblickt, während Jürgen sich gewünscht hatte, der Zug möchte endlich anfahren, obwohl ihm das ja nichts genützt hätte. Es wäre dann aber überhaupt etwas gewesen. So hatte er aus dem Fenster auf den leeren Bahnsteig sehen müssen, auf dem festgetretene bräunliche Schneeflecken unappetitliche Muster bildeten. Außer einer sehr alten Frau war niemand auf dem Betonband zu entdecken gewesen. Wahrscheinlich hatte sie jemanden zur Bahn gebracht; jedenfalls hatte sie nun offenbar darauf beharrt, trotz der widrigen Witterung dieses Vorhaben ordentlich zum Abschluß zu bringen, indem sie hatte zusehen wollen, wie der Zug den Bahnhof verließ. Jürgen wußte, daß alte Menschen besonders leicht frieren, weshalb ihm das Unternehmen als ein veritabler Unfug erschienen war, aber vielleicht hatte sie auch bloß am nächsten Tag ihrer Nachbarin erzählen wollen, sie hätte

»mit eigenen Augen« den Zug abfahren sehen. Ein langes Leben sollte eigentlich Vertrauen in die Alltagsroutinen schaffen, man mußte einfach *glauben*, daß Züge fuhren, auch ohne sich durch den Augenschein davon zu überzeugen. Schließlich war der Zug angefahren und hatte Jürgen tatsächlich von den prüfenden Blicken der schönen Frau erlöst, die jetzt ein Buch zur Hand genommen hatte. Die alte Frau hatte auf dem Bahnsteig gestanden und nicht gewinkt. Sie hatte tatsächlich nur den Zug abfahren sehen wollen. Das war lächerlich, denn sie hatte ja schließlich auch nicht sicher sein können, ob er wirklich nach Frankfurt fahren oder nicht doch gleich hinter der nächsten Kurve bremsen würde. Durch den Lautsprecher würde »Alles aussteigen!« ertönen, »Alles aussteigen! Auftrag erfüllt! Seniorin an der Nase herumgeführt!« Und die vermeintlichen Fahrgäste würden sich lachend die Hände schütteln, ja, es *war* ein Wahnsinnsaufwand, aber man hatte doch etwas erreicht und bewegt. Nach Jürgens Meinung wurden für weitaus unsinnigere Dinge im Land größere Anstrengungen unternommen.

Endlich geriet er in die Sportsendung, die er ursprünglich angepeilt hatte, und konnte sich aus seiner unbequemen Lage wieder aufrichten. Da er sich nun schon so weit vom Sofa entfernt hatte, machte er sich gleich auf den Weg in die Küche, um eine neue Bierdose zu holen. Als er die Kühlschranktür öffnete, ging das Licht im Schrank nicht an. Es war aber trotzdem hell genug, um die Bierdose zu finden, denn im Kühlschrank gab es weder Unübersichtlichkeit noch Überraschungen. Eine Abteilung für Bier und eine für ziemlich ungesunde Lebensmittel. In der Gemüseschublade schrumpelte noch, ziemlich vergessen, ein Apfel vor sich hin. Argwöhnisch öffnete Jürgen die Dose diesmal gleich in der Küche. Jetzt zog der Ring aber anstandslos die Lasche mit hoch, ein ausgefeiltes Patent. Dafür fiel die Wäscheklammer, mit der er eine angebrochene Chipstüte verschlossen hatte, auseinander, und die Krümel ergossen sich in den Küchenschrank. Auf dem Rückweg durch den Flur mußte Jürgen wieder an der Tasche vorbei, deren schwarzes, glänzendes Leder das Licht der Deckenlampe reflektierte. Nicht weit von der Tasche entfernt lag eine Nußschale, die zersplitterte, als er versehentlich darauf trat.

Sobald er wieder auf dem Sofa saß, verschwand das blitzblanke Moderatorengesicht, und eine sich selbst erwürgende Computergraphik in blaßgrün und lila kündigte die Werbung an. Fröhliche Menschen tranken fröhliches Bier und fuhren (deswegen?) auf einem Segelschiff. Heitere Zeitgenossen fuhren auf einem Segelschiff und tranken (deswegen?) Whiskey. Der Mann von der Hamburg-Mannheimer trank gar nichts und konnte nicht segeln. Für einen Augenblick war es ein tröstlicher Gedanke, daß diese Leute sicher nicht sehr lange zum Drehen der Spots mißbraucht worden waren, in denen sie grinsend bis zum Horizont den Fernsehzuschauern das Leben sauer machten. Vielleicht hatten sie sich hinterher ganz gemütlich auf ein Bier treffen können. Deswegen. Vielleicht hatte bei ihnen sogar der Wettermann mitmachen dürfen, als sie außer Dienst waren.

Tatsächlich war der Zug schon nach wenigen hundert Metern wieder zum Stillstand gekommen, so daß die Frau ihr Buch hatte sinken lassen. Erst hatte er versucht, ihrem Blick standzuhalten, aber ihm war sofort unbehaglich dabei geworden, dieser wildfremden und so perfekten Person ungeniert ins Gesicht zu gaffen, jedenfalls, solange sie ihn angesehen hatte. Dem Anschein nach wußte sie nichts von ihrer Wirkung oder hatte jedenfalls nichts getan, um sie zu unterstützen und sich von ihm bewundern zu lassen. Er hatte verzweifelt aus dem Fenster gesehen. Eine altertümliche Industrielandschaft umgab hier die Gleise, wie man vermuten konnte. Zu sehen gegeben hatte es jedoch nur eine Brandmauer aus geschwärzten Ziegeln, die hier und da bröckelten. Ein frisches Riesenplakat, auf dem in drohend grellen Farben für ultimativ leckere Schokolade geworben wurde, war das einzige Indiz dafür gewesen, daß diese Gegend noch nicht vollends aus der Welt gefallen war. Die schöne Frau hatte ungeniert gegähnt und zu lesen begonnen, so daß er sich getraut hatte, verstohlen hinüberzusehen, erst auf ihr Spiegelbild in der Scheibe der Abteiltür, dann auf sie selbst.

»Herzjagen« kündigte nun eine dramatische Stimme aus dem Kasten an, und es war nicht ein Gesundheitsmagazin, sondern die Vorschau auf eine Reihe von Liebesfilmen. Früher hatte man sich noch mit Klopfen begnügt, aber inzwischen mußten sich wohl auch die angenehmen Erscheinungen des Lebens ein wenig beeilen. Plötzlich fiel ihm das Graffito von der Brandmauer wieder ein, dessen er ansichtig geworden war, nachdem der Zug sich endlich wieder in Bewegung gesetzt hatte: »SCHÖNER WOHNEN – TEURER KAUFEN – SCHNELLER FIKKEN«. Das Doppel-K hatte ihn – warum, wußte er selbst nicht – als besonders obszön berührt, und das letzte »N« war schräg unter die Zeile gerutscht und kaum halb fertig gesprayt. Offenbar war der Kritiker der Warenwelt gestört worden. »Schneller Fikke« hätte man jetzt genausogut daraus lesen können, und »Schneller Fikke – Schneller Fikke« hatten die Räder des anrollenden Zuges im Rhythmus gestampft. Es war Jürgen peinlich gegenüber der glatten, schönen Frau gewesen, daß er mitten in der Öffentlichkeit nicht nur obszöne, sondern sogar ziemlich lächerliche Gedanken hatte. Er hoffte, daß er der Suggestion entgehen würde, aber schon war ihm dieser Aphorismus wieder eingefallen und würde sich vermutlich in seinem Hirn festsetzen.

Der ölige Sportmoderator schwänzelte vor der Kamera hin und her, während er verkündete, daß jetzt Dressurreiten präsentiert würde, woraufhin Jürgen mit einem Aufschrei der Empörung zum Gerät stürzte und umschaltete. Die Rothaarige und ihr Zahnarzt hatten sich verpaßt, denn sie hing außer Atem am Telefon / Schnitt / er hing im Sportwagenwrack / Schnitt / ein Telefon in Großaufnahme klingelte, und zwar so, daß man auf der Stelle wußte: a) die Rothaarige rief da an, und es würde b) niemand abnehmen, weil c) das Telefon dem Zahnarzt gehörte. Mehr am Rande registrierte Jürgen jetzt, daß Telefone in Großaufnahme sehr laut und mit viel Hall klingeln. Außerdem wußte er nicht, warum er im Fernsehen einem Telefon beim Klingeln zusehen sollte, und schaltete um. Wieder Landschaft, wieder Rauchwölkchen, wieder Bildwackeln. Es knallte, wummerte, brummte und zischte dazu. Aha, der Krieg. Ein mageres Pferd zog einen überladenen Karren. Ein Kind, dem ein Auge fehlte, sah mit dem anderen feindselig in die Kamera. Aha, Flüchtlinge. Und auch der kugelsichere Reporter kam wieder ins Bild und erklärte Jürgen und anderen Zuschauern, daß hier schon seit einigen Jahren Krieg sei. Jürgen wartete kurz auf die Szene, in der vorher der Film unterbrochen worden, also das wirklich Wichtige gesagt worden war, aber er konnte sie jetzt mit Ton nicht mehr vom restlichen Film unterscheiden und schaltete um. Als er aufstand, bemerkte er, daß er nur so, knieend vor dem Fernseher, sein Telefon sozusagen in Großaufnahme sehen konnte, weil es direkt neben dem Apparat untergebracht war. Es klingelte aber nicht.

Die Frau hatte sich endgültig ins Buch vertieft (den Titel hatte er nicht erkennen können), vielleicht war sie auch einfach in sich selbst versunken gewesen. Beinahe ungeniert hatte Jürgen seine Blicke hinübergesandt, erst kurz aus den Augenwinkeln, dann etwas länger, wenn auch immer noch verstohlen. Er hatte sich ausgedacht, sie vor irgend etwas zu beschützen. Vor einem Taschendieb? Das wäre schwer möglich gewesen angesichts der großen Zahl von Behältnissen, die sie bei sich gehabt hatte. Vor einem wilden Tier, das wäre etwas gewesen. Leider gab es davon im Interregio nicht so viele, aber wenn jemand den Zug in den Dschungel entführt hätte, hätte es klappen können. Wütend über diese absurden Gedanken war Jürgen nun beinahe zornig auf die junge Frau geworden, die immer noch ungerührt dagesessen und gelesen hatte, ohne ihn anders zu behandeln als einen Schaffner oder ein überzähliges Gepäckstück. Jürgen hatte sich ein Zugunglück gewünscht, das ihr lauter Narben ins Gesicht gemalt hätte. Dabei hätte er ihr zugleich das Leben retten können, als Grundstein für ihre Liebe, denn natürlich wäre er großmütig genug gewesen, sie trotz der Entstellung zu nehmen. Oder sie wären gemeinsam eingequetscht worden; sie wäre langsam in seinen Armen gestorben, während er weinend auf Rettung gewartet hätte. Wenn sie nicht ganz so aussichtslos eingequetscht worden wären, hätte er sie durch seine Geschicklichkeit befreien können, noch ehe die Feuerwehr zu ihnen vorgedrungen wäre. Ein Bein hätte sie dabei wahrscheinlich schon verloren, zumindest einen Unterschenkel. Er selbst hätte dann ein paar sehr markante Kratzer im Gesicht gehabt.

Jürgen holte noch zwei Bierdosen aus der Küche. Im Flur schimmerte ihre Tasche dunkel, glatt und vielversprechend. Auf dem Rückweg nahm er sie mit ins Wohnzimmer. Einer der Flurstrahler hatte einen Wackelkontakt und schickte rhythmisch Lichtblitze in die vordere Flurecke, genau dorthin, wo sich die Tapete ein wenig von der Wand gelöst hatte. Er stellte die Tasche vor sich hin, auf den Tisch neben die Bierdose. Jetzt sah er sie praktisch in Großaufnahme, wie vorher das Telefon im Film, den er offenbar versehentlich auf dem Rückweg aus der Küche wieder eingeschaltet hatte. Hysterisch schluchzend saß die rothaarige Frau am Tresen einer Bar, und ihr zerwühltes Gesicht stand gegen das glitzernd grüne, hochgeschlitzte Cocktailkleid wie Aussage gegen Aussage. Das eine ein Versprechen, das andere die bedingungslose Abwehr jeglicher Annäherung. Und alles wegen dem Zahnarzt. Wenn jetzt nicht gleich Fußball kommen würde – statt dessen kam der Zahnarzt, für den sich Jürgen nun widerwillig interessierte, weil er ja nach allen Dramaturgie- und Telefonvorführregeln des Fernsehens eigentlich längst hätte tot sein müssen. Nun schrieen sich die beiden auch noch an. Ihr müßt einfach schneller fikken, dachte Jürgen großmütig. Da zog die wütende Frau ihr smartes kleines Handtäschchen quer über den Dentistenschädel, mit einer rührend ungeschickten Bewegung, so wie Frauen eben hauen. Gleich einem Flummi prallte das Täschchen graziös von der Halbglatze ab. Trotzdem war danach eine Schramme am Zahnarzt zu sehen, sehr malerisch und an einer Stelle, die von der Tasche gar nicht getroffen worden war. Er redete eindringlich leise und ernst auf die selbst erschrokkene Täterin ein, was Jürgen aber nicht verstehen konnte, »wegen einer kriegsbedingten Tonstörung« sagte er laut vor sich hin.

Im Zug war er schließlich in den Speisewagen gegangen, um sich ein Bier zu holen. Als er versucht hatte, sich wieder auf seinen Platz zu schlängeln, war er mit seinem Fuß versehentlich an ihren Fuß geraten. Lächelnd hatte sie ganz kurz aufgesehen. Da hätte er sie am liebsten geschlagen, denn ihr Lächeln, da war er plötzlich sicher gewesen, hatte nicht bedeutet: »Das macht doch nichts« (er hatte sich ja auch gar nicht entschuldigt) oder »Hallo, sympathischer Fremder«. Es lautete in Klarschrift: Ich weiß über dich Bescheid, Mistkerl. Und das war ungerecht gegenüber einem, der sie auch mit Gesichtsschrammen noch verehrt und sogar ohne Unterschenkel zum Traualtar geführt hätte. Windelweich hätte er sie prügeln mögen, um zum Wesentlichen vorzudringen, und ihr einzubleuen, daß er nicht irgend jemand sei.

Ein blasiert aussehendes Pferd tänzelte in unnatürlicher Bewegung schräg über einen großen Platz. Auf das kurze, ganz sinnlose Innehalten der jeweils erhobenen Hufe waren die Reiter wahrscheinlich auch noch besonders stolz. Wer hatte eigentlich umgeschaltet? Jürgen konnte sich nicht erinnern.

Kurz vor seinem Zielbahnhof war die schöne Fremde aus dem Abteil verschwunden. Ihren gesamten Besitz hatte sie jedoch vor Jürgens Augen ausgebreitet liegenlassen. Der Zug hatte schon abgebremst, und er hatte ohne lange Überlegungen eine ihrer Taschen an sich genommen. Es war die gewesen, die noch am meisten wie eine Handtasche aussah, obwohl ein bißchen altmodisch. Jürgen hatte sich dann verdrückt und war überrascht gewesen, wie leicht man im Zug Taschen stehlen kann. Als er den Fuß auf den heimischen Bahnsteig gesetzt hatte, hatte er ins Menschengewimmel eintauchen wollen, doch es hatte nicht geklappt. Er hatte zwar Stolz auf die gelungene Tat gespürt, keine Angst, hatte sich aber doch äußerst sichtbar und ausgesetzt gefühlt. Es war ein Gewimmel und eine Masse um ihn gewesen, doch er hatte darin gestanden wie in einer Glasbox ausgestellt, so daß jeder mit dem Finger auf ihn hätte zeigen können. Noch einmal hatte er auf dem Bahnsteig am Abteil vorbeigehen müssen, und der Versuchung nicht widerstehen können, hineinzuschauen. Die Frau war nicht darin gewesen, aber alle ihre Sachen hatten noch auf den Sitzen gelegen. Jetzt, von außen, hatte die Angelegenheit sich ausgenommen wie ein eigens arrangiertes Kunstwerk oder eine eben verlassene

Theaterszene, auf der jedes Stück seinen Platz und seine Notwendigkeit hatte. Es hatte ihn erinnert: an die kleinen Guckkästen im Museum, in denen historische Szenen mit kleinen Figuren nachgestellt werden, und an deren Rückwand geschickte Kulissenmalerei unendliche Tiefen vorgaukelt, so daß man sich die Nase an der Scheibe plattdrückt in der Hoffnung, die Dinge im Hintergrund endlich deutlicher zu sehen.

Auf dem Nachrichtensender war jetzt der Wettermann wieder aktiv, der breitbeinig vor einer Weltkarte stand und vertrauenerweckende Handbewegungen machte. Diesmal hatte Jürgen selbst den Ton abgedreht, da er ja den Bericht längst kannte. Er sah mehr auf die Tasche vor sich und bemerkte, daß er Angst hatte, sie zu öffnen, viel mehr Angst, als er beim Klauen gehabt hatte. Der Zahnarzt war wohl längst nach Hause gegangen, denn auf dem Spielfilm-Kanal flimmerte es nur noch. Ob die Ereignisse sein Leben verändert hatten? Ob er weiterhin mit der Frau zusammenbleiben wollte, die ihm aus nichtigem Anlaß ihren Pompadour über den Kopf haute? Vielleicht könnte Jürgen die Tasche behalten, ohne sie jemals aufzumachen. Schwer fühlte sie sich nicht an; möglicherweise umschloß sie gar nichts Wichtiges. Etwas klapperte hölzern darin wie abgerissene Jackenknöpfe. Das Dressurpferd scheute, bäumte sich auf und raste aus dem ihm zugedachten Weltviereck. Als es sehr dicht vorbeigaloppierte, wackelte die Kamera. Dann fiel das Bild aus.

Christel Dormagen

Das Erkenntnismöbel

Obwohl das Möbelstück seit jeher zur Kindheitseinrichtung des Mädchens gehört hatte, wurde es erst dann zum Gegenstand ihres forschenden Interesses, als sie, bis dahin blind, begann, das Rätsel seiner Schrift zu entdecken. Dabei hatte dieses wuchtige Objekt im Eßzimmer der Familie sein Geheimnis doch schon immer zur Schau gestellt. Dem kleinen Kind war es aber gerade durch seine ununterbrochene Anwesenheit verborgen geblieben. In dem Augenblick, da das Mädchen, zu der Zeit vielleicht zehn Jahre, mit seinen Fingern die Zeichen entzifferte, wußte es um die nun notwendige Heimlichkeit dieses Aktes – oder womöglich war es umgekehrt: Es war dem Kind, auch die Frau weiß später nicht mehr wie, ein Rätsel zugeflogen, zu dem ihm dieses bislang selbstverständlich-gedankenlos benutzte Möbel einen Schlüssel anzubieten schien.

Im Familiengebrauch hieß es die Bank. Jedes der vier Geschwister hatte einen Großteil seines kleinen Lebens schon mit ihr zugebracht. Zu allen Mahlzeiten war sie jeden Tag Sitzgelegenheit; das jeweils jüngste, noch mittagsschlafpflichtige Kind mußte auf ihr ruhen und zog zu dem Zweck aus der Bettwäschetruhe unter der Sitzklappe die bereitliegenden Kissen und Wolldecken hervor; die zweite Klappe, Teil der Rückenlehne, beherbergte Spiele und Fotoalben; darüber gab es zwei Regale, die großformatigen Kunstbänden vorbehalten waren. Man spielte gemeinsam Halma und Fang den Hut am Eßtisch, man hockte auf der Bank bei den Schulaufgaben, und man schaute sich auf

Bildern an, wie Eltern, Tanten und Onkel als Kinder gespielt, gegessen, gearbeitet hatten.

Zu jener bewußten Zeit hatte das Mädchen schon entdeckt, daß Tisch, Stühle und Bank auch äußerlich zusammengehörten: Alle waren aus dunkelrotbraunem Holz und wiesen Verzierungen auf, unter denen sich zuerst die der Stuhlrückenlehnen als verwertbar erwiesen hatten. Denn durch ihre geschnitzten Löcher, lauter aufgerissene Mäuler von Ungeheuern, konnte man blitzschnell seine Finger stecken und mit der Katze spielen, die unermüdlich hochsprang, um die flitzenden Finger zu fangen.

Im Unterschied zu allen genannten Beschäftigungen um Bank, Tisch und Stühle erforderte jene neue ausdrücklich Alleinsein – das Mädchen fragte deshalb nicht, ob die Brüder ihr auch nachgingen –, und sie galt ausschließlich der Bank. Es ging darum, die Brüste zu fühlen. Mit den Fingern fuhr das Mädchen, sorgfältig und unruhig zugleich, über die kleinen Halbbälle, die keine Brustwarzen besaßen, was sie aber erst viele Jahre später bemerkte, als sie – nunmehr erwachsen und mit legitimem familienarchäologischen Interesse – die immer noch im elterlichen Eßzimmer stehende Bank untersuchte. Zu der Zeit auch kam es ihr in den Sinn, die Brüste zu zählen, nachdem ihre nun viel plumperen Finger sich an das warme Gefühl der Rundungen – merkwürdigerweise war das Holz nie kalt – sofort erinnern konnten.

Es sind also genau sieben Brüste, da eine der vier geschnitzten Frauen im Körperprofil abgebildet ist. Diese Einzelbrust ist aber vermutlich die am häufigsten erfaßte, da sie zum einen für das Mädchen am günstigsten und unauffälligsten zu erreichen war – sie befindet sich auf der Rückenklappe der Bank – und zum anderen stärker hervorspringt als die sechs anderen, insofern die dargestellte nackte Frau auf den hölzernen Wellen kniet und den

Oberkörper weit vorstreckt, dem ihr zugeneigten nackten, halb aus dem Wasser ragenden Mann entgegen, so daß ihre Brust gewissermaßen schräg herunterhängt. Die drei anderen Besitzerinnen sichtbarer Brüste, zwei unten, eine oben, sind Säulenfrauen oder Simsträgerinnen, so daß ihre Körper kurz unterhalb des Bauchnabels in einer unklaren Überblendung von Schärpe, wuchernden Blättern und Früchten verschwinden. Jene Frau auf der Szenerie der Rückenklappe mit der Profilbrust ist dagegen von oben bis unten vollständig, weshalb das Mädchen mit den Fingern von jener einzelnen Brust über Schulter und gebogenen Rücken zum gereckten Hintern in Seitenansicht gleiten konnte und dann weiter über einen kräftigen Schenkel bis zu den Zehen des rechten Fußes.

Schon das kleine Mädchen hatte, ehe ihm an einzelnen Gliedmaßen gelegen war, das Bild als ganzes schauend verstanden. Auf der Rückenklappe spielen Meereswesen in den Wellen. Eine Frau hält ein Kind, ein Mann einen Ball, ein anderer bläst in ein Muschelhorn, eine Fontäne steigt auf, ein großer Fischschwanz schlägt in der Luft. Die geschnitzte Szene enthielt aber auch vor jenem markierten Zeitpunkt schon Rätsel für das Kind: Wem gehörte das Bein, das aus den Wellen ragte? Drückte etwa ein Mann einen fremden Kopf unter Wasser? Wieso wuchs direkt aus dem Kopf des Ungeheuers ein Fischschwanz? Und wie konnte die Frau mit der Brust auf dem Wasser knien, ohne unterzugehen? Später bedauerte sie dann bei ihren Fingerwanderungen, daß zwei Frauen ihr den Rücken zuwandten; so konnte sie zwar knapp oberhalb der Wellen bei der einen die Hinternritze befühlen, aber die andere war ganz unergiebig. Sie hätte sie gerne zu sich hingedreht, um die hinten verborgenen Brüste anzufassen; denn Arme und Beine interessierten sie nicht.

In der Gymnasiumszeit, als sie in perspektivischem

Zeichnen geschult wurde, fiel der Schülerin die räumlich-anatomische Unzulänglichkeit des Bankkunstwerks auf: Die meisten Extremitäten waren verkehrt in Vorder- und Hintergrund angebracht. Die Wahrnehmung des Mädchens hatte sich da schon von den Fingern in den Kopf verlagert, und sie griff jetzt in das Regal über der Meeresszene, in dem die »Blauen Bände« standen – eine kunstgeschichtliche Reihe, deren Themen von ägyptischen Hieroglyphen bis zu deutschen Trachten reichten; unter ihnen erwies sich der Band »Griechische Plastik« als besonders nützlich für ihr nunmehr die Auskunftsfähigkeit der Seejungfrauen überforderndes Interesse. Darin enthalten waren nämlich Fotografien vielfach unbekleideter Göttinnen und Götter, so auch die Säulenfrauen des Korentempels auf der Akropolis. Die Wörter »Kore« und »Karyatide« aus den Bildunterschriften gingen früh in ihren Besitz über, und sie konnte nun die Schrankträgerinnen mit den Tempeldachträgerinnen vergleichen, wobei sie die Feststellung machte, daß die unter dem dünnen steinernen Gewand sich durchdrückenden Brüste sie inzwischen stärker beschäftigten als die hölzernen nackten.

Es schienen nun weder die Banknixen noch die griechischen Akte ihrer Erkenntnislust vollkommen genügen zu können. Sie kannte ja alle vorhandenen Brüste, und um die in den Bildbänden neu hinzugekommenen männlichen Geschlechtsteile, die auf dem Bankrelief von Wellen und Blattranken verdeckt waren, sowie die unbehaarten und wenig bemerkenswerten weiblichen ging es ihr nach einem kurzen erschöpfenden Studium ohnehin nicht mehr. So begann sie, den Bestand an Material zu erweitern, indem sie selbst Frauen malte und sich dabei auf die Formung ihrer Brüste konzentrierte. Sie legte noch einmal jenen Weg vom Fühlen über das Schauen zum Nichtsehen zurück. Erst zeichnete sie vollständig nackte, später lieber kaum oder mit durchsichtigem Stoff bekleidete. Bis sie sich endlich aufs Lesen verlegte.

Begrifflich entzifferte sie sich die Vollkommenheit der Kindheitsbank erst sehr viel später, als sie als erwachsene Frau bei Elternbesuchen wieder darauf saß; da hatten sich die Inhalte der Sitztruhe und des rückwärtigen Fachs längst geändert: Sie boten nun Landkarten, Atlanten und Reiseprospekten Raum, und die damaligen Schwarzweißbildbücher waren gegen opulentere bunte Kunstbände ausgetauscht. Ihr fiel jetzt auf, wie bestimmte hervortretende Partien der bildhaften und ornamentalen Holzreliefs, die die Bank schmückten, besonders glänzten: blankgerieben und hellgegriffen von vergangenen Berührungen. Sie begriff die Bank jetzt als eine totale: Sie hatte zum Sitzen, Schlafen, Essen, Schauen, Fühlen, Reden gedient, zum Blick in die Welt, in Märchen, in private und öffentliche Geschichte. Sie dokumentierte unaufhebbare Hierarchien: Unten tragen nur Frauen die Sitzplatte, oben rechts und richtig steht ein Mann und links und zweitrangig eine Frau. Unten tummelt sich die nackte Natur, und oben stehen Bücher, die die Welt ordnend verdoppeln.

Und die Bank zog Grenzen. Ein wirkliches Unten gab es nicht. Endgültig war die Wellenlinie ins Holz geschnitten, bis zu der hin öffentliche Nacktheit möglich war. Nun fand sie die Bank verlogen und einseitig. Ein mythologischer Vorwand hatte für die Darstellung unbekleideter Körper an Wohnzimmergegenständen herhalten müssen. Und gewiß stammte das Werk von einem männlichen Künstler, während die Körper vorzugsweise weiblich waren. Sie glaubte nun, sie habe die Welt ein für allemal durchschaut.

Doch nichts, nichts hätte ihr je das Gefühl in den Fingern beim Betasten der hölzernen Brüste von den Meerfrauen an der Bank im Eßzimmer ihres Elternhauses ersetzen können.

Iris Pompesius

Die rote Hille

Hille B. führte ein Doppelleben. Jeder in der Stadt wußte davon, selbst die Kinder. Zuletzt sprach man kaum noch darüber. Das war natürlich anfangs anders gewesen, als Hille B. in die Stadt kam, als Ehefrau von Werner B.

Werner B. war ein wichtiger Mann in der kleinen Stadt, noch wichtiger als der Bürgermeister. Ihm gehörte der größte Betrieb am Ort. Er beschäftigte fast tausend Leute. Seit er in der Stadt war, hatten viele wieder Arbeit oder mußten nicht mehr in die Großstadt pendeln. Werner B. aber wurde reich, reich und mächtig. Er zahlte die meisten Steuern in der Stadt. Er wurde zum Vorsitzenden des Bürgervereins gewählt. Er führte die größte Fraktion im Stadtparlament. Keiner war so oft Schützenkönig wie er.

Die Männer bewunderten Werner B. und fühlten sich wohl in seiner Nähe. Denn wer mit Werner B. verkehrte, war wer. Auch wenn sein Haus kleiner, sein Auto langsamer, seine Worte ungeschliffener waren. Werner B. verstand sich auf Menschen. Er hatte Stil und Führungsqualitäten. Insgeheim sahen die Männer ihn schon auf dem Posten des Bürgermeisters. Doch vorerst trugen sie ihm den Vorsitz im Ausschuß für Wirtschaft und Verkehr an. Werner B. zierte sich noch und sprach von Interessenkonflikten. Aber die Skrupel würden sich legen, hofften die Männer, wenn Werner B. erst älter wäre, wenn der Betrieb ihn nicht mehr so in Anspruch nähme. Werner B. war ja noch jung, als er in die Stadt kam. Er durfte sich noch die Hörner abstoßen, ehe er öffentliche Verantwortung übernahm.

Stadtbekannt war, daß Werner B. sich auch in anderer Hinsicht die Hörner abstieß. Er versuchte nicht einmal, ein Geheimnis daraus zu machen. Die Männer rechneten es ihm hoch an, daß er ihre Frauen aus dem Spiel ließ und sich mit fremden Frauen aus der Großstadt amüsierte. Und manchmal fiel für sie ein Vergnügen dabei ab.

Was Werner B. anging, so waren die Frauen der Stadt in zwei Lager gespalten. Wenn sie unter sich waren, die älteren, die das Leben tugendsam gemacht hatte, nannten sie ihn ganz offen einen ehrgeizigen Geldsack, einen Hallodri und Menschenfänger. Sie sahen mit Bangen, wie ihre Männer unter den Einfluß von Werner B. gerieten. Vor allem ärgerten sie die kleinen Vergnügen, die für ihre Ehemänner abfielen. Aber darüber schwiegen sie.

Die jüngeren Frauen waren von Werner B. hingerissen. Er war charmant, sah blendend aus und hatte die allerbesten Manieren. Sein einziger Fehler bestand für sie darin, daß er sich eben mit fremden Frauen amüsierte. Es waren schöne Frauen, die er in sein Haus einlud, für eine Nacht, für ein paar Tage oder Monate. Schön, aber schlecht.

Männer und Frauen waren sich einig gewesen, Werner B. sollte sich endlich für eine entscheiden, für eine gute, am besten für eine Tochter der Stadt. Aber Werner B. dachte nicht daran zu heiraten. Als er von den Wünschen der Leute erfuhr, schon gerade nicht. Er trieb es sogar noch toller, und für die Männer der Stadt fielen mehr Vergnügen ab als früher.

Aber eines Tages brachte er Hille mit. Da war sie schon Hille B., seine Frau. Keiner fand so recht die Zeit, sich darüber aufzuregen, daß die Stadt um eine Hochzeitsfeier betrogen worden war. Denn kaum war sie da, wußte jeder, daß Hille B. ein Doppelleben führte. Es war, als hätte Werner B. zwei Frauen mitgebracht.

Wenn sie über die zwei Hillen sprachen, und sie sprachen anfangs viel über sie, dann sagten sie die blonde Hille und die rote Hille. Tatsächlich war Hille B. weder blond noch rot, sondern braunhaarig. Die Leute nannten sie nur rot oder blond, um Hille B.'s zwei Leben unterscheiden zu können. Sie hielten es für gefährlich, die Hillen durcheinanderzubringen. Denn Werner B., der mächtige und reiche Mann, fühlte sich nur mit einer Hille verheiratet, mit der blonden. Die rote Hille kannte er nicht einmal. Wer also Werner B. nicht kränken, verletzen, beleidigen wollte, durfte die beiden Hillen nicht verwechseln.

Anfangs war das nicht so einfach gewesen. Mancher hätte sich fast das Maul verbrannt. Deshalb fühlten die Leute so etwas wie Dankbarkeit, daß die Hillen, die sich glichen wie ein Ei dem anderen, ihnen entgegenkamen. Anfangs nur mit der Frisur. Wenn sie das Haar offen trug, wußte jeder, das war die blonde Hille, die Frau von Werner B. Trug sie das Haar hochgesteckt, war sie die rote Hille. Bald lernten die Leute, die blonde und die rote Hille an der Kleidung zu unterscheiden. Schließlich gab es keine Unsicherheiten mehr darüber, mit welcher sie es zu tun hatten. Nach ein paar Jahren, als die blonde Hille Werner B. einen Sohn geschenkt hatte und der roten Hille die Tochter im Kindbett gestorben war, fragten sich alle, wie sie die beiden Hillen jemals hatten verwechseln können, so verschieden waren sie.

Die blonde Hille war reich, die rote arm. Die Blonde lebte mit Mann, Kind und Personal auf einem Anwesen am Rande der Stadt, die Rote in einer kleinen Wohnung am Stadtrand. Die blonde Hille repräsentierte, die rote arbeitete. Sie bediente in einer der wenigen Wirtschaften des Ortes, fünf Tage in der Woche von zehn bis vierzehn Uhr, wenn das Gesocks der Stadt dort soff. Die blonde Hille fuhr ein Cabriolet, die rote ein Fahrrad. Die blonde Hille sprach gebildet und fein, die rote laut und schlagfertig.

Wenn sie mitgetrunken hatte und getanzt oder wenn sie wütend war, klang sie sogar ein bißchen gewöhnlich.

Der blonden Hille erwiesen alle den ihr gebührenden Respekt. Auch wenn die Männer sie ein bißchen zu kühl, die Frauen sie ein bißchen zu faul fanden. Die blonde Hille dachte nämlich nicht daran, sich ehrenamtlich für Kirche und Gemeinde zu engagieren. Dabei hatte sie keine Pflichten. Ihren Sohn steckte sie schon als Baby in den Kindergarten. Gegen den Willen von Werner B., dem sich die blonde Hille sonst immer fügte.

Die rote Hille wurde geliebt. Mit ihr konnte man streiten und lachen. Vielleicht war ihr Mundwerk ein bißchen lose, und manchmal wurde sie derb. Aber die rote Hille war hilfsbereit. Sie paßte auf Kinder auf, kaufte für alte Frauen ein und brachte die alten Männer nach Hause, wenn sie zuviel getrunken hatten. Manchmal ließ sie auch junge arme Schlucker vorübergehend in ihrer Wohnung schlafen. Aber aus denen war nichts herauszubekommen. Mit wem schlief die rote Hille? Es konnte doch nicht angehen, daß eine so hübsche lebenslustige Frau wie die rote Hille niemanden im Bett hatte!

Abgeneigt schien sie jedenfalls nicht. So wie sie ihren Busen trug und ihre Beine zeigte, wie sie lachte und schaute, sich sogar die wie zufällig wirkenden Berührungen gefallen ließ und herausfordernd sagte »Verpiß dich«, wenn ihr jemand die Hand auf den strammen Po legte. Ja, die rote Hille verdrehte den Männern den Kopf. Und den Frauen machte es nichts aus. Denn die rote Hille verband damit keinerlei Ernst und Ehrgeiz.

Nicht oft, aber so manches Mal kam es vor, daß einem, dem die rote Hille mittags ein Bier gezapft hatte, die blonde Hille abends ein Glas Champagner anbot. Die Mutigen versuchten dann nahe an die blonde Hille heranzurücken. Der Duft war das einzige, was die rote und die blonde Hille gemeinsam hatten. Beide Frauen dufteten ganz eigen und wunderbar. Die Herren, die so dicht, wie es eben noch vertretbar war, an die blonde Hille rückten, um ihren Duft zu empfangen, spürten, daß sie Männer waren. Die blonde Hille pflegte dann zu lächeln, verhaltener als die rote Hille, aber doch ähnlich. Das war prickelnd und gefährlich, denn Werner B. war ein eifersüchtiger Ehemann, der seine Frau immer im Auge behielt.

Wenn Werner B. nicht dabei war, sprachen die Männer anfangs oft über die Hillen. Sie analysierten ihre verschiedenen Eigenarten, stritten darüber, welche die attraktivere sei, versuchten ihren gemeinsamen Duft zu beschreiben und phantasierten über die Unterwäsche der blonden und der roten Hille. Aber sie konnten sich weder auf Farbe noch Material einigen, geschweige denn, welche was trug.

Als das Kind der blonden Hille vielleicht drei Jahre alt war, hatte man fast vergessen, daß es eigentlich keine blonde und keine rote Hille gab, sondern nur die braunhaarige Hille B., die ein Doppelleben führte. Auch strengte die Leute das eigene Doppelleben nicht mehr an, das sie führten, damit Werner B. nichts von dem Doppelleben seiner Frau erfuhr. Deshalb gerieten sie in Aufruhr, als Werner B. sich eines Tages ausgerechnet in der Wirtschaft zum Mittagessen verabredete, in der die rote Hille das Bier zapfte. Und da war sie wieder, die Angst, Werner B. könnte die Stadt verlassen, wenn die Doppelexistenz seiner Frau herauskäme. Und dann Steuern und Arbeitsplätze, ade!

Die Männer, mit denen Werner B. sich verabredet hatte, versuchten, ihm die Wirtschaft auszureden. Das Essen sei schlecht, das Publikum angetrunken. Das sei kein Umgang für ihresgleichen. »Meine Herren«, sagte Werner B. »ich wußte nicht, daß Sie so empfindlich sind.« Diese Anspielung auf die Vergnügen, die seit seiner Heirat nur noch in der Großstadt für sie abfielen, genügte. Die Männer fügten sich und ließen ihre Verbindungen spielen. Der Besitzer der Gastwirtschaft bot der roten Hille bezahlten Urlaub an. Sie sehe so blaß aus in letzter Zeit, sie solle mal ein paar Tage verreisen. Aber die rote Hille wollte nicht freimachen. Alle befürchteten das Schlimmste.

Als Werner B. mit seinen Geschäftsfreunden in die Wirtschaft kam, wurde es mucksmäuschenstill. So still, daß die rote Hille ihren Kopf aus der Küche streckte, um nach dem Rechten zu sehen. Einen Moment erstarrte sie und sah aus wie die blonde Hille. »Wohin dürfen wir uns setzen?« fragte Werner B.. Tatsächlich, seine Stimme klang kein bißchen erstaunt oder ärgerlich. »Wo was frei ist!« raunzte die rote Hille und sah wieder aus wie immer.

In der Wirtschaft wurde es jetzt laut. »Schnaps, bitte!« Die rote Hille hatte alle Hände voll zu tun. Die Stimmung stieg, sie brodelte. »Komm, Hille, nimm auch einen!« Hille trank, lachte, verströmte ihren Duft, sprach mit besonders losem Mundwerk. Gerade beugte sie sich vor, um an dem Tisch von Werner B. Wein nachzuschenken, da röhrte einer der alten Männer, den sie oft nach Hause bringen mußte: »Hille, meine Süße, du schönste Frau der Stadt!«

Hille drehte sich um und lächelte. Keiner wußte, wem dieses Lächeln galt, ob der Alte dessen Ziel war. Jedenfalls war dieses Lächeln auf seinem Weg von Werner B. aufgefangen worden. Die rote Hille und Werner B. lächelten sich an. Tatsächlich, sie lächelten sich an. Wie zwei Verliebte, erzählten nachher die Leute, die es gesehen hatten. Kurz darauf knallte es, und Werner B.'s linke Wange glühte. »Verpiß dich!« sagte die rote Hille, aber es klang nicht herausfordernd wie sonst, sondern giftig. Werner B. hatte der roten Hille die Hand auf den Po gelegt.

Nach dem Zwischenfall weigerte sich die rote Hille, den Tisch von Werner B. weiter zu bedienen. Der Wirt mußte es selbst tun. Die rote Hille brachte den alten Säufer nach

Hause. Abends schimpfte die blonde Hille mit Werner B., erzählte die Haushälterin. Am nächsten Tag lud die blonde Hille ihr Kind in den Wagen und verschwand. Die rote Hille meldete sich für eine Woche von der Arbeit ab. Werner B. hatte üble Laune.

Während Hille B.'s Abwesenheit wurde mehr getuschelt denn je. Die Leute waren verstört. Warum war Werner B. nicht sauer auf Hille B., sondern Hille B. sauer auf Werner B.? Gab es vielleicht wirklich zwei Hillen? Oder steckten Werner B. und seine Frau unter einer Decke, um die Loyalität der Stadt zu prüfen? Es gab Vermutungen, Hypothesen, Theorien. Sie waren unbefriedigend. Als die blonde Hille und ihr Kind nach Hause zurückkehrten und die rote Hille wieder Bier zapfte, da verstummte das Gerede. Hille B. führte ein Doppelleben, was sollten andere darüber nachgrübeln, weshalb ihr Mann das duldete. Es ging niemanden etwas an.

Als der junge Mann in die Stadt kam, hielt es deshalb keiner für nötig, ihn aufzuklären. Er lernte die blonde Hille in ihrem Haus kennen. Werner B. hatte ihn zu einer Abendgesellschaft eingeladen. Unverständlicherweise, denn der junge Mann war nur Werkstudent. Aber Werner B. hatte manchmal solche Allüren. Der junge Mann war sofort für die blonde Hille entflammt. Er brannte lichterloh. Geradezu peinlich sei es gewesen, erzählten die Zeugen, wie er sie umschwärmt habe, dieser Grünschnabel. Doch die blonde Hille blieb kühl. Man munkelte von Blumen und Gedichtbänden, die er ihr geschickt haben soll. Aber als der junge Mann immer unglücklicher aussah, wußten alle, daß die blonde Hille standhaft blieb.

Auf seinen Wanderungen durch die Stadt geriet der junge Mann bald in die Wirtschaft, in der die rote Hille bediente. Es kränkte ihn, daß seine Angebetete eine Doppelgängerin hatte, aber die blonde Hille verlor für ihn nicht ihre Einzigartigkeit. Die rote Hille versuchte, den jungen Mann aufzumuntern, sie schäkerte sogar mit ihm. Aber das half nicht. Der junge Mann verzehrte sich nach der blonden Hille. Man lachte insgeheim über ihn, weil er sich ausgerechnet bei der roten Hille Ratschläge holte, wie er die blonde Hille erobern könnte. Tatsächlich gewährte die blonde Hille ihm ein Rendezvous. Zu mehr kam es nicht, denn am nächsten Tag saß der junge Mann in der Wirtschaft und klagte der roten Hille wieder sein Leid.

»Er rührt mich, und er dauert mich«, sagte die rote Hille. Und bald darauf nahm sie den jungen Mann nach der Arbeit mit nach Hause. Doch der Zustand des jungen Mannes besserte sich nicht. Er liebte die blonde Hille, schlief mit der roten Hille und fühlte sich trostlos. Die halbe Stadt litt mit ihm. Die andere Hälfte schüttelte den Kopf.

Eines Tages nahm der junge Mann noch einmal seinen Mut zusammen und stand bei der blonden Hille vor der Tür. Die hatte gerade ihr Kind in den Kindergarten gebracht und wollte das Haus verlassen. Sie ließ den jungen Mann hinein. Bei ihrem Gespräch muß dem jungen Mann wohl endlich klargeworden sein, daß die blonde Hille und die rote Hille eben die gleichen Hillen waren und daß er die, die er begehrte, schon längst besessen hatte.

Es fielen ungewöhnlich ordinäre Worte von beiden Seiten, erzählte später die Haushälterin. Die blonde Hille habe mehrmals gelacht wie die rote Hille und dann habe sie geschrieen. Denn der junge Mann habe sie verhauen. Erst habe es nur geklatscht, aber dann habe er wohl die Kontrolle über sich verloren. Als die Haushälterin ins Zimmer stürmte, krümmte sich Hille B. auf dem Sofa, der junge Mann war über ihr und prügelte sie mit den Fäusten. Hille B. sah übel zugerichtet aus. Ein Auge war verschwollen, die Nase blutete, und die Lippe war aufgeplatzt.

Der junge Mann flüchtete aus dem Haus. Werner B.

wurde aus dem Betrieb gerufen. Aber Hille B. beruhigte sich erst, als ihr der Hausarzt eine Spritze gegeben hatte. Die Verletzungen waren nicht so schlimm, wie sie aussahen, und Werner B. bat den Arzt darum, einen Nervenzusammenbruch zu diagnostizieren. Kaum lag Hille B. im Bett und der Arzt war fort, da stand der junge Mann wieder vor der Tür. Er verlangte Werner B. zu sprechen. Sie gingen in die Bibliothek.

Alles konnte die Haushälterin nicht verstehen, nur die Worte, die mit erhobener Stimme fielen. Und die stammten meist von dem jungen Mann. »Geben Sie Ihre Frau frei, Sie Schwein«, brüllte er. Darauf lachte Werner B.. Gemurmel. Dann: »Das ist nicht wahr! Sie lügen!« Und kurz darauf schrie der junge Mann: »Aber das ist doch was ganz anderes, Sie Idiot. Bei uns ist das was ganz anderes. Das weiß doch jedes Kind!« Wieder gesenkte Stimmen, und dann der junge Mann: »Das glaube ich nie und nimmer. Sie wollen sie in den Dreck ziehen. Das war nicht ihre Idee!«

Nun verlor Werner B. die Nerven und wurde seinerseits laut. »Verlassen Sie sofort das Haus, und scheren Sie sich zu der anderen.« Stille. Und dann fielen die Schüsse, zwei Schüsse, kurz nacheinander. Später erzählte die Haushälterin, daß sie nicht in das Zimmer schauen konnte. Die Tür war abgeschlossen, so wie die zweite Tür auf der anderen Seite des Flurs. Als die Polizei die Tür aufbrach, fand sie zwei Tote. Werner B. war ins Herz getroffen. Der junge Mann hatte ein Loch im Kopf. Er hielt die Pistole, die Werner B. in seiner Bibliothek aufbewahrte. Hille B. war nicht vernehmungsfähig. Sie schlief nach der Beruhigungsspritze so tief, daß keiner sie wecken konnte.

Der Fall wurde niemals ganz geklärt. Die offizielle Version lautete: Totschlag mit anschließender Selbsttötung. Nach der Beerdigung verließ Hille B. mit ihrem Sohn die Stadt für immer.

Alissa Walser

Ein Auto, ein Lastwagen, eine Schildkröte

»Ein Auto, ein Lastwagen, eine Schildkröte«, sagte das Kind, »aber so groß wie ich«, fügte es hinzu und drehte den Kopf zu ihm hin, dabei berührten sich die Gesichter fast, und das weiche Kinderhaar kitzelte ihn so sanft, daß er es als Zärtlichkeit empfinden mußte. Aber schöner wäre doch..., sagte er. Das Kind sah ihn an, Was?, und sein Mund, dieser Geschwungene, blieb offen stehen, in diesem Moment klingelte das Telefon. Was wäre schöner? Er gab ihm ein Zeichen, daß es ruhig sein sollte. Das Kind rutschte von seinen Knien herab, setzte sich auf den Boden und fing an zu überlegen. Sein Vater blickte zu Boden und lächelte, den Hörer am Ohr, eine Weile stumm, als sei ihm allein das Blumenmuster auf dem Wohnzimmerteppich genug. Dann sagte er mit einer etwas tieferen Stimme in den Hörer, Und du, was wünschst du dir vom Christkind? Bei dem Wort Christkind horchte das Kind auf. Was? fragte es. Gar nichts wünsch ich mir, sagte die Frau in der Leitung, ich erwarte etwas.

Das steht dir zu, antwortete er, meine Geliebte, du darfst erwarten. Sag mir was.

Ein Kind, sagte die Frau, ich krieg ein Baby von dir.

Sein Kind war neben ihn getreten. Es legte ihm die Hand an den Hals und flüsterte, Was? Sachte ziepte es an seinem Haar. Er ließ es geschehen. Er schwieg. Er fing an zu zittern. Er murmelte in den Hörer, es könne nicht sein, sie täusche sich, sei sie sicher, von ihm sei es bestimmt nicht, er wiederholte sich.

Mit dieser Reaktion habe sie gerechnet, sagte die Frau. Es sei die gewöhnlichste Reaktion in so einem Fall. Und ich habe mich davor gefürchtet, dennoch war ich mir nicht ganz sicher, ich dachte, du bist ein denkender, fühlender Mensch. Gebildet sogar.

Bildung hat damit nichts zu tun, sagte er schnell.

Was dann, schrie sie, was dann?

Ich weiß es nicht, sagte er.

DNA-Analyse, sagte sie schnell. Er schwor sich, nie wieder einer Frau aus seinem Beruf zu erzählen. Abends, wenn er aus der Klinik kam, mußte er ihr die Geschichten erzählen, die er am Tag erlebt hatte. Wenn man ihn gefragt hätte, warum, hätte er gesagt, sie wirbelten in seinem Kopf herum. Bis sie ihn verließen, dauerte es eine Weile. Wenn er ihr davon erzählte, ging es schneller.

Sein Kind, das noch immer neben ihm stand, krallte ihn jetzt sanft in den Hals und sagte, Was wäre schöner?

Also gut, sagte er, ich glaube dir. Dann müssen wir uns darum kümmern.

Es geschieht automatisch, sagte die Frau. Du hast da etwas in mich hineingelegt und damit ein Programm gestartet. Du kannst gar nichts tun.

Wir unterbrechen das Programm, sagte er.

Nein, schrie die Frau jetzt so heftig, daß das Kind neben ihm zuckte, dann hast du eben zwei Kinder, ein geliebtes und ein ungeliebtes, und zwei Frauen, eine geliebte und eine ungeliebte. Verstoß mich ruhig. Aber eines Tages werden das ungeliebte Kind und die ungeliebte Frau kommen, und das geliebte Kind und die geliebte Frau zerstören, damit schlug sie den Hörer auf die Gabel, und er horchte dem rhythmischen Nachhallen.

Was? flüsterte sein Kind so laut es konnte und stupfte

ihn mit dem Zeigefinger ins Gesicht, knapp unterhalb der Augen.

Er schob das Kind von sich. Was Papa? Sag doch? wiederholte es immer wieder. Tränen schwemmten ihm die Worte aus dem Mund. Dann stellte das Kind sich vor ihn hin, neigte sich leicht nach hinten, streckte den linken Arm so senkrecht in die Luft, als wolle es sich mit dem rechten daran emporhangeln, das Gesicht verschwand zwischen den Armen, es stampfte mit dem Fuß auf den Boden und stieß dabei einen Schrei aus. Er brüllte. Eine Eisenbahn, und wieder, eine elektrische Eisenbahn!

Das Kind weinte laut heraus. Es war wie eine Erlösung. Draußen ging eine Tür. Seine Frau rief aus der Halle, sie sei wieder da. Schon kam sie ins Zimmer, nahm das weinende Kind auf den Arm, küßte es auf die Wange und trug es in die Küche. Von dort aus rief sie herüber, ob etwas gewesen sei. Nein, rief er zurück, du warst weg. Als es in der Küche still wurde, saß er immer noch im Sessel. Das ungeliebte Kind, dachte er, wird kommen und das geliebte zerstören. Vielleicht würde das Zittern in seinem Körper zunehmen, oder vielleicht würde es ein bißchen nachlassen, nie wieder aber würde es ihn völlig verlassen. Obwohl er nicht hinausblickte, merkte er, daß es langsam dunkel wurde. Die Christbaumkugeln spiegelten das Licht aus der Küche, das durch einen Türspalt hereinfiel. Ein leises Klirren vernahm er vom Baum, scheinbar war alles in Bewegung, ohne daß er es bemerkte, und er lachte, er sei nicht zart genug für diese Welt.

Eine elektrische Eisenbahn, ein Auto, eine Schildkröte, das Kind in der Küche klang heiser. Du hast etwas vergessen, sagte seine Mutter. Er stutzte. In diesem Moment klingelte es an der Haustür. Er fühlte, wie ihm das Blut aus dem Kopf wich, dann rannte er los. Seine Frau war schneller. Er blieb stehen und horchte. Irgendwas wird schon passieren, dachte er schnell. Egal was. Steh dazu. Nur die Zukunft zählt, dachte er.

Er hörte seine Frau rufen. Mit Schwung warf sie die Tür ins Schloß. Da ist was angekommen für dich, sagte sie und gab ihm ein braunes Päckchen. Ohne Absender und ziemlich schwer, sagte sie noch und lachte ihm ins Gesicht. Er ging ins Wohnzimmer zurück und setzte sich in den Sessel neben dem Telefon, nahm das Päckchen auf den Schoß. Mama, was, was? sagte das Kind in der Küche. Eine elektrische Eisenbahn, ein Auto, eine Schildkröte, was hab ich vergessen?

Die Puppe, sagte die Mutter, du hast die Puppe vergessen.

Barbara Rosenberg

Fangschuß

Am nächsten Morgen lag ein Mann mit dem Gesicht nach unten im Wasser. Er hatte die Arme weit ausgebreitet, die Beine waren leicht gespreizt – so bewegte er sich kaum merklich auf dem Wasser hin und her. Mit unendlicher Langsamkeit beschrieb sein lebloser Körper einen Halbkreis – ganz hingegeben an die Dünung des Meeres, das sich seinen Weg durch den niedrigen Kranz der Felsen bahnte.

In dieser frühen Morgendämmerung hatte das Meer die Farbe von zerflossenem Blei. Und das dunkle Grau der Lavafelsen, das Schwarz des Smokings mit seinen langen Rockschößen – all das trug noch mehr zu der Düsternis dieses Bildes bei, der Verlassenheit des Ortes.

Es war ganz still.

Sie blickte von oben auf ihn herab. Von hier aus sah er wie ein riesengroßer schwarzer Vogel aus, der unmittelbar über dem Wasser dahinschwebte, ruhig und gelassen, noch unschlüssig, ob er im Wasser nach Beute fischen oder sich auf einem der nahen Felsen niederlassen sollte.

Sie konnte sich an nichts erinnern – nicht an diesen blonden jungen Mann, der dort unten leblos in dem natürlichen Schwimmbassin herumdümpelte, nicht an die Nacht in diesem Hotelzimmer hoch über dem Meer mit seinem Felsenkranz. Der weiße lange Seidenschal über der Sessellehne, das zerwühlte Bett – all das sagte ihr nichts. Sie zog das Laken enger um ihren Körper. Es war ihr so kalt.

Diese Stunde zwischen Nacht und Tag, das bleierne Morgengrauen mit seinem namenlosen Entsetzen würde nicht lange mehr andauern. Und es war ihr klar, daß sie hier schleunigst verschwinden mußte. Sie riß sich los von diesem Blick aus dem Fenster mit seinem Sog in die Tiefe. Sie ließ das Laken von ihrem nackten Körper gleiten und suchte ihre über den ganzen Raum verstreuten Sachen zusammen. In fliegender Hast streifte sie das schwarze Cocktailkleid über und verließ auf Zehenspitzen das Zimmer. Sie warf keinen Blick zurück auf diese Behausung einer Nacht. In der Hand hielt sie nur ihre Riemchensandaletten. Den Schal ließ sie hängen.

Sie schlich sich durch den Hintereingang hinaus – eine Vorsichtsmaßnahme, die kaum nötig gewesen wäre. Das Hotel lag noch in tiefem Schlaf – wie ein Dornröschenschloß.

Sie schlüpfte in ihre hochhackigen Sandalen und stieg in den schwarzen Mietwagen. Sie ließ ihn im Leerlauf den Abhang hinunterrollen. Erst als sie die Hofeinfahrt hinter sich gelassen hatte, schaltete sie den Motor an. Dann fuhr sie im Eiltempo in Richtung Berge davon.

Als die ersten Strahlen der Morgensonne den Saum zwischen Himmel und Erde rosa zu färben begann, war sie schon längst tief in den Wäldern verschwunden. Im Schutze der Bäume suchte sie nach der Höhle, die sie vor einigen Tagen dort entdeckt hatte. Sie mußte sich bücken, um durch den niedrigen Eingang zu schlüpfen, und fiel erschöpft auf den sandigen Boden der Höhle. Sie schlief sofort ein.

Sie wachte erst wieder auf, als ein Lichtschein über ihr Gesicht flackerte. Erschreckt fuhr sie hoch, die Hand an ihrer Wange. Doch es war nur ein Feuer, das jemand direkt vor dem Eingang der Höhle angezündet haben mußte. Sie ließ die Hand wieder sinken und streckte die Beine aus.

Sie mußte den ganzen Tag geschlafen haben. Draußen war es stockfinster, nur das Feuer brannte lichterloh. Sie kroch vorsichtig näher an den Ausgang heran und spähte nach draußen. Niemand war zu sehen. Nur das Feuer krachte und knackte. Die trockenen Äste brannten wie Zunder und sprühten Funken.

Dann hörte sie den Schuß.

Kurz darauf sah sie ihn. Er war groß und breit gebaut, mit dunklen Haaren und einem leichten Ansatz von Bart an Kinn und Wangen. Er hielt einen Hasen an den Ohren in der linken Hand. In der rechten trug er das Gewehr. Er kam direkt auf sie zu. Sie duckte sich unwillkürlich tiefer in den Schatten der Felsen. Doch er konnte sie nicht sehen durch die Flammen des Feuers hindurch. Er stellte das Gewehr an der Felswand ab, hockte sich daneben und zog ein Messer aus der Tasche. Leise vor sich hin pfeifend begann er, dem Hasen das Fell über die Ohren zu ziehen. Als sie aus ihrem Versteck hervortrat, sprang er erschrocken auf. Mit weit aufgerissenen Augen starrte er sie an – in der einen Hand das Messer, in der anderen den blutigen Tierkadaver. Halbgeduckt stand er da – zum Angriff bereit.

Sie ließ sich dadurch nicht einschüchtern. Langsam ging sie im Halbkreis um das Feuer herum, spürte den warmen Atem der Flammen auf ihrer nackten Haut. Der Mann starrte sie noch immer mit ungläubigen Augen an – als sei sie ein Gespenst. Doch dann atmete er hörbar aus und richtete sich langsam auf. Seine Züge entspannten sich.

Sie ging ganz nahe an ihn heran. Ohne ein Wort zu sagen, legte sie die Hand an seine Wange, fuhr mit den Fingerspitzen über den kurzen Stoppelbart, zeichnete die Linien seines Gesichts nach. Ein neuer Glanz kam in seine Augen, und mit einem dumpfen Laut fiel das Messer auf den Waldboden.

Sie strich ganz vorsichtig mit den Fingerkuppen seinen

Hals hinab, ließ die Hand in die Höhle seines offenen Hemdkragens schlüpfen. Sie konnte seine Wärme spüren. Sie legte ihre Wange an seine Wange und küßte ihn leicht hinter dem Ohr. Unter ihren Lippen fühlte sie das Pulsieren seines Blutes. Und wieder stieg dieses Verlangen in ihr hoch – unausweichlich und gebieterisch.

Sie drängte sich noch näher an ihn heran, und als er die Arme um sie legte, schlug sie ihm mit aller Kraft die spitzen Fangzähne in die Halsschlagader. Sie spürte das warme Blut, wie es zwischen ihren Zähnen hervorsprudelte und sog es gierig mit den Lippen in sich hinein – ganz verloren in diesem Rausch des Lebens und des Sterbens, der jede Nacht ihr Schicksal war.

Katja Lange-Müller

berliner idyll – ein abzählreim

hängen betten ausm fenster
dicke rote taggespenster
federn fliegen weiß wohin
kinderleicht und ohne sinn
die da oben diese schweine
lassen wochenlang alleine
nasses baby mit der katze
ohne laken auf matratze
macht ihr schluß mit dem geschrei
heute gibts kein spiegelei
früh die mädels voll kakao
später arsch voll vater blau
eine kleine spinne spinnt
langsam wie die milch gerinnt
einen faden übern hof
ronni mayerbeer ist doof
der muß in die doofenschule
für neger bullen fixer schwule
coca cola mit aroma
bringt den opa auf die oma
auf dem ollen sofa liegt
aber bloß noch wasser kriegt
ronnis opi klein und grün
keiner guckt mehr gerne hin

dabei war der mal fernsehstar
doch das ist bald nicht mehr wahr
stirbt er aus der wohnung raus
ziehen wir ins vorderhaus
hängen wäsche in die fenster
feine bleiche nachtgespenster

Autorinnen

Christel Dormagen, geb. 1943, Autorin und Übersetzerin, lebt in Hamburg und Italien. Letzte Veröffentlichung: »Mond und Sonne. Über die Aufhebung der Geschlechter«, Hamburg 1994

Susanne Fischer, geb. 1960, Autorin und wissenschaftliche Mitarbeiterin der Arno-Schmidt-Stiftung, lebt in Hohne. Letzte Veröffentlichung: »Kauft keine Frauen aus Bodenhaltung«, Greiz 1995

Ulla Fröhling, geb. 1945, Autorin, lebt in Hamburg. Letzte Veröffentlichung: »Nur noch einmal: Erotische Geschichten«, München 1996

Nina Jäckle, geb. 1966, Autorin, lebt in Hamburg. Letzte Veröffentlichung: »Die Tunnelfahrt«, Hamburg 1996

Carmen Korn, geb. 1952, Autorin und Journalistin, lebt in Hamburg. Letzte Veröffentlichung: »Das Singende Kind«, Hamburg 1992

Brigitte Kronauer, geb. 1940, Autorin, lebt in Hamburg. Letzte Veröffentlichung: »Das Taschentuch«, Stuttgart 1994. (Der abgedruckte Text ist aus »Die Einöde und ihr Prophet. Erzählungen und Essays«, 1996, Klett-Cotta)

Katja Lange-Müller, geb. 1951, Autorin, lebt in Wien und Berlin. Letzte Veröffentlichung: »Verfrühte Tierliebe«, Köln 1995

Fanny Müller, geb. 1941, Autorin, lebt in Hamburg. Letzte Veröffentlichung: »Mein Keks gehört mir«, Greiz 1995

Petra Oelker, geb. 1947, Autorin und Journalistin, lebt in Hamburg. Letzte Veröffentlichung: »Neue Mütter, neue Töchter. Von der Kunst, über den eigenen Schatten zu springen«, München 1994

Iris Pompesius, geb. 1949, Autorin und wissenschaftliche Mitarbeiterin der Akademie für Publizistik, Hamburg. Letzte Veröffentlichung: »Auch von der Liebe tun schon die Knochen weh«, in: »Wer vor mir liegt ist ungewiß«, Hamburg 1994

Lydia Rood, geb. 1957, Autorin, lebt in Amsterdam. Letzte Veröffentlichung: »Louter Lust«, Amsterdam 1995

Barbara Rosenberg, geb. 1944, Journalistin, lebt in Berlin.

Hilke Rosenboom, geb. 1957, Autorin und Journalistin, lebt in Hamburg. Letzte Veröffentlichung: »Die Konferenz der Babys«, in: »Mütter und Söhne – die längste Liebe der Welt«, Hamburg 1995

Helke Sander, Autorin und Filmemacherin, lebt in Hamburg. Letzte Veröffentlichung: »Gewaltakte. Männerphantasien und Krieg«, Hamburg 1993.

Regula Venske, geb. 1955, Autorin, lebt in Hamburg. Letzte Veröffentlichung: »Rent a Russian«, Hamburg 1995

Alissa Walser, geb. 1961, Autorin und Übersetzerin, lebt in Frankfurt am Main. Letzte Veröffentlichung: »Dies ist nicht meine ganze Geschichte«, Reinbek 1994

Velma Wallis

Zwei alte Frauen

Eine Legende von Verrat und Tapferkeit

Aus dem Amerikanischen von Christel Dormagen

ISBN 3-89521-017-X

Dies ist die Geschichte von zwei alten Indianerfrauen eines Nomadenstammes hoch oben im Norden Alaskas. In einem strengen Winter wird der Stamm von einer Hungersnot heimgesucht. Die Gruppe ist gezwungen, ihr Lager zu verlassen und über Land auf Nahrungssuche zu gehen. Ihr Häuptling beschließt – wie es das Stammesgesetz vorsieht –, die zwei alten Frauen, da sie unnütze Esser sind, zurückzulassen. Keiner wagt, gegen diesen Beschluß aufzubegehren. Allein und verlassen in der eisigen Wildnis geschieht das Erstaunliche: Die beiden alten Frauen geben sich nicht auf.

»Die Legende ist schlicht, wenig beschönigend und doch von einer nahezu ergreifenden Anteilnahme für den Mut und die Mühen der beiden Frauen. Eine Geschichte, die unser aller Sinn für die Würde des einzelnen Menschen neu belebt.« Rita Süssmuth